Maria Kurek-Evans

YOUR BRITISH DREAM
czyli jak sobie radzić w Wielkiej Brytanii

VIDEOGRAF II
Katowice

Redakcja i korekta / Editing and proofreading
ELŻBIETA SPADZIŃSKA-ŻAK
JOANNA SZEWCZYK

Projekt okładki / Cover design
ANNA ŁOZA-DZIDOWSKA

Zdjęcia na okładce / Photos on the cover
AGENCJA FREE

Redakcja graficzna / Typographic editing
JERZY KUŚMIERZ

Skład i łamanie / Type setting
PIOTR KOWALSKI
ANNA WIECZOREK

Wydanie I, styczeń 2006

Wydawca / Publisher
Videograf II Sp. z o.o.
41-500 Chorzów, Al. Harcerska 3 C
Tel.: 0-32-348-31-33, 0-32-348-31-35
Fax: 0-32-348-31-25
office@videograf.pl
www.videograf.pl

ISBN 83-7183-378-4

Dedykuję tę książkę mojej rozległej rodzinie, która składa się z następujących nazwisk:
Tochowicz, Nalepa, Łochowski, Szczepan, Setkowicz, Musiał, Widła, Butrym, Pawlik, Lovelock, Rost, Lorens, Kurek, Sikora, Evans, Miller.
Wasza mama, babcia, matka chrzestna, siostra, szwagierka, kuzynka, ciocia, teściowa, była żona i żona w jednej osobie.

Maria

I dedicate this book to my extented family which consists of these names:
Tochowicz, Nalepa, Łochowski, Szczepan, Setkowicz, Musiał, Widła, Butrym, Pawlik, Lovelock, Rost, Lorens, Kurek, Sikora, Evans, Miller.
Your mother, grandmother, godmother, sister, sister-in-law, cousin, auntie, mother-in-law, former wife, wife in one person.

Maria

Są dwie osoby, którym jestem bardzo wdzięczna za pomoc i współpracę w przygotowaniu tej książki.
Chciałabym podziękować Ani Wieczorek z Londynu, która zajmowała się komputerową edycją, wykazując wysokiej klasy profesjonalizm.
Chciałabym podziękować również Irenie Walasek z Katowic, która wykazała się umiejętnościami w nawiązywaniu właściwych kontaktów i była w stanie uczynić niemożliwe możliwym.
Te dwie panie wierzyły we mnie i w sukces tej książki w Polsce i w Wielkiej Brytanii.
Ich pozytywne myślenie było mi bardzo pomocne i wspierało mnie podczas pisania tej książki.

There are two persons to whom I am very grateful for help and cooperation in the preparation of this book.
I'd like to thank Ania Wieczorek in London who was busy with computer edition showing a very professional attitude.

I'd like to thank also Irena Walasek in Katowice who has shown skills at making the right contacts, and was able to arrange what was impossible.

Both these ladies believed in me and in success of this book in Poland and Great Britain. Their positive thinking was very helpful and supportive during the writing of this book.

SPIS TREŚCI

LIST OF CONTENTS

WSTĘP 9
   PRZYJAZD DO ZJEDNOCZONEGO
   KRÓLESTWA *12*

OBYCZAJE 18
JEDZENIE I PICIE 22
POGODA 28
RÓŻNORODNOŚĆ KULTUROWA 29
PRZYJĘCIE 41
   NA PRZYJĘCIU U PRACODAWCY *42*
   WESELE *46*
POGRZEB 54
   POGRZEB WUJA JOHNA *55*

MIEJSCE ZAMIESZKANIA 61

TRANSPORT 68
AUTOBUSY 69
   AUTOBUS *73*
TYPY POJAZDÓW W ZJEDNOCZONYM
   KRÓLESTWIE 77
TORY KOLEJOWE 88
LONDYŃSKIE DWORCE 90
   STACJA WATERLOO *90*
   UWIĘZIONA W SIECI
   KOMÓRKOWEJ *93*

JAK ZNALEŹĆ PRACĘ
   I UTRZYMAĆ JĄ 96
   WOŁANIE O POMOC *107*
   NIE MA PIENIĘDZY
   – NIE MA POMOCY *111*
   POLACY OSZUKUJĄ INNYCH
   POLAKÓW *114*

OSTROŻNOŚĆ NIE ZAWADZI 118

INTRODUCTION 9
   TRAVELLING INTO THE UNITED
   KINGDOM. *12*

CUSTOMS 18
EATING AND DRINKING 22
WEATHER 28
VARIETY OF CULTURES 29
PARTY 41
   AT AN EMPLOYER'S PARTY *42*
   WEDDING *46*
FUNERAL 54
   UNCLE'S JOHN FUNERAL *55*

A PLACE TO LIVE 61

TRANSPORT 68
BUSES 69
   BUS *73*
ROAD VEHICLES IN THE UNITED
   KINGDOM 77
RAILWAY TRACKS 88
LONDON'S STATIONS 90
   WATERLOO STATION *90*
   STUCK IN THE NET
   OF MOBILES *93*

HOW TO FIND A JOB
   AND KEEP IT 96
   A CRY FOR HELP *107*
   NO MONEY
   – NO HELP *111*
   POLES RIPPING OFF
   OTHER POLES *114*

BETTER BE SAFE THAN SORRY 118

**TROCHĘ INFORMACJI
O SZKOŁACH** 125
*SZTUKA GRANA PRZEZ DZIECI
W TEATRZE NA WEST ENDZIE* *132*

ZAKUPY 138
PRODUKTY ŻYWNOŚCIOWE 138
INNE ARTYKUŁY 140
JAK I GDZIE KUPOWAĆ? 141
WYJŚCIE NA ZAKUPY *147*
SPACER PO ULICY GŁÓWNEJ 153

LONDYŃSKIE TERENY ZIELONE ...170
PARK CLAPHAM COMMON 171
MAJÓWKA NA BŁONIACH *172*
PARK HAMPSTEAD HEATH 176
STAWY *176*
BUSHY PARK 181
JELENIE *181*

KŁOPOTY ZE ZDROWIEM 184
ZWROTY PRZYDATNE
W SZPITALU 188
ZDROWIE PSYCHICZNE 190
NARKOTYKI 191

ZAKOŃCZENIE 201

**SOME INFORMATION ABOUT
SCHOOLS** 125
*A PLAY ACTED BY CHILDREN
IN A WEST END THEATRE* *132*

GOING SHOPPING 138
FOOD ITEMS 138
OTHER ITEMS 140
HOW AND WHERE TO BUY? 141
A SHOPPING TRIP *147*
WALKING THE HIGH STREET 153

LONDON'S COMMONS 170
CLAPHAM COMMON 171
PICNIC ON THE COMMON *172*
HAMPSTEAD HEATH 176
PONDS *176*
BUSHY PARK 181
THE DEER *181*

HEALTH PROBLEMS 184
HOSPITAL
EXPRESSIONS 188
MENTAL HEALTH 190
DRUGS 191

CONCLUSION 201

WSTĘP

INTRODUCTION

Książka, którą trzymasz w ręku została napisana specjalnie dla Polaków, którzy zamierzają przyjechać do Zjednoczonego Królestwa, a także dla tych, którzy już tu mieszkają.

The book you hold in your hand has been written especially for Polish people who intend to come to the United Kingdom, or for those Polish people who are already resident here.

Kiedy Polska została przyłączona do Unii Europejskiej, na przyjazd do Zjednoczonego Królestwa zdecydowało się mnóstwo Polaków.

Since Poland has joined the EU, plenty of Polish people have decided to come to the United Kingdom.

Motywy przyjazdu każdego z nich są różne, każdy stawia sobie inny cel.

Each of them is motivated by something different, each one has a different goal.

Większość przybywa tutaj, mając nadzieję na znalezienie przyzwoitej, dobrze płatnej pracy, tak żeby pieniądze zarobione tutaj umożliwiły im dostatnie życie w Polsce.

The majority of Polish people come here in hope of finding a decent, well paid job, so that the money they have earned here can enable them to have an affluent way of life in Poland.

Niektórzy z naszych rodaków przyjeżdżają tutaj, aby uczyć się języka lub studiować, ale z powodu wysokich kosztów utrzymania w tym kraju również muszą pracować.

Some Polish people arrive here to study the language but, because of the high cost of living, they have to work as well.

Inna grupa Polaków może zacząć nowe życie w nowym kraju, odkąd Zjednoczone Królestwo otworzyło swoje granice.

The other group of Polish people can begin a new life in a new country since the United Kingdom has opened its borders.

Jest to grupa, która pragnie przeprowadzić się tutaj i pozostać na czas nieokreślony.

This is the group who wishes to move here and to remain indefinitely.

Jakiekolwiek są przyczyny twojego przyjazdu tutaj, decyzja opuszczenia ojczyzny nie była łatwa.

Whatever the reasons for your coming here are, the decision to leave your homeland cannot have been easy.

Większość emigrantów to ludzie młodzi, czasami bardzo młodzi, którzy mają niewielkie życiowe doświadczenie.

Most of these migrants are young, sometimes very young, people who have a limited amount of life experience.

W nowym, obcym kraju jest mnóstwo problemów, z których trzeba zdawać sobie sprawę.

In this new, strange country, there are plenty of pitfalls to be wary of.

Bez wiedzy o tym, jak tu rzeczywiście jest, można wpaść w wiele pułapek.

Without the knowledge of what really happens here there are several traps you may fall into.

Decydując się na przyjazd tutaj, trzeba sobie zdawać sprawę, jak ważna jest znajomość języka angielskiego, aby twój przyjazd okazał się sukcesem.

Having decided to move here you have to realise how important the knowledge of English language is to the success of your venture.

Jeżeli nie znasz zupełnie języka angielskiego lub znasz w niewielkim stopniu, radzę, abyś odłożył swój wyjazd z Polski dopóty, dopóki nie będziesz umiał porozumieć się swobodnie w języku angielskim.

If you know no English or have only a limited knowledge I advise you to postpone your departure from Poland until you can communicate reasonably well in English.

Im bardziej płynny jest twój angielski, tym większą masz szansę na znalezienie dobrej pracy.

The more fluent your English is, the greater is the chance that you will find a good job.

Napisałam tę książkę w dwóch językach, aby czytający mógł sprawdzić swoją znajomość angielskiego.

I have written this book in two languages so that the reader could check his knowledge of English.

Książka opisuje codzienne sytuacje, takie jak: szukanie pracy, mieszkania, poruszanie się po mieście, robienie zakupów oraz niektóre problemy ze zdrowiem.

The book describes everyday situations like: looking for a job, finding a place to live, moving about a town, doing the shopping and some health problems.

Jest mnóstwo zwrotów i wyrażeń, które są używane w Zjednoczonym Królestwie, ze znaczeniem których miałbyś kłopot nawet korzystając z pomocy słownika.

Istnieją lokalne idiomy, których znaczenie musisz znać w języku polskim, wykuć je na pamięć, bo niemożliwe jest ich dosłowne przetłumaczenie.

Znajomość języka angielskiego jest równie ważna, jak znajomość kultury i obyczajów, panujących w Zjednoczonym Królestwie.

Chciałabym również, żeby ta książka została przeczytana przez rodziców tych młodych ludzi przyjeżdżających tutaj, aby mieli oni obraz życia w tym kraju.

Treść książki oparta jest na moim osobistym doświadczeniu, jako że od pewnego czasu mieszkam w Anglii.

Staram się przekazać ogólne wskazówki co robić, a czego nie robić, kiedy mieszka się w tym kraju, mając nadzieję, że okażą się pomocne i pożyteczne.

Mam nadzieję, że zaakceptujesz moje zalecenia i skorzystasz z nich.

Niech wszystkie twoje marzenia się spełnią!

There are plenty of phrases and expressions which are used here in the United Kingdom, the meaning of which you would find difficult to guess, even with the help of a dictionary.

They are local idioms, the meaning of which you have to know in Polish and remember by heart, as they are impossible to translate literally.

Knowledge of English language is as important as knowledge of culture and customs in the United Kingdom.

I'd like this book to be read also by the parents of these young arrivals so they too will get a picture of life in this country.

The content of this book is based on my personal experience, as I have lived in England for some time.

I try to give general indications of the do's and don't's of living in this country, in the hope that you will find them helpful and useful.

I hope that you will accept my recommendations and benefit from them.

May all your dreams come true!

PRZYJAZD DO ZJEDNOCZONEGO KRÓLESTWA

Moje wakacje w Polsce się skończyły, wracam więc do Londynu, do pracy.

Autokar jedzie przez południowo-zachodnią część Polski w kierunku granicy niemieckiej.

Są w nim głównie młodsi i starsi mężczyźni.

Nasi kierowcy to dwaj dobrze zbudowani Polacy, którzy pouczają nas surowo, jak się zachowywać na pokładzie.

Nie wolno nam palić ani pić alkoholu, jak również rozmawiać ze sobą, kiedy reszta pasażerów chce spać.

Czujemy strach i posłusznie staramy się wypełniać ich nakazy, bo niestosowanie się do nich może zakończyć się wysadzeniem delikwenta niezależnie od kraju, w jakim jesteśmy.

Dyscyplina, jaką zaprowadzili kierowcy, powoduje, że pasażerowie pokornieją, a nasza podróż przez Niemcy, Holandię, Belgię i Francję aż do Calais przebiega spokojnie.

Przed Urzędem Imigracyjnym w Calais wszyscy musimy wysiąść i pokazać paszporty.

Brytyjscy urzędnicy imigracyjni są uprzejmi, uśmiechnięci i mili.

TRAVELLING INTO THE UNITED KINGDOM

My summer break in Poland is over, and I'm returning to London and work again.

The coach is travelling through southwest Poland towards the German border.

It is full of young an elderly men.

Our drivers are two well-built Polish men who instruct us sternly on how to behave on board.

We are warned not to smoke or drink alcohol, and not to talk while other passengers are trying to sleep.

We feel somewhat terrified, and obediently follow their rules, since failure to obey could easily result in our dispatch from the coach, whatever the country.

Our driver tough discipline ensures meek passengers and a smooth, uneventful journey through Germany, Holland, Belgium and France to Calais.

At the Immigration Office in Calais there we all have to get out to show our passports.

The British officers are polite, kind smiling and gentle.

Na szczęście czasy, kiedy Polacy podczas odprawy paszportowej czuli się przerażeni i wystraszeni, już minęły.

Kiedyś urzędnicy imigracyjni byli zawsze grzeczni, ale zimni, służbowi i podejrzliwi.

Lecz nawet wtedy, kiedy wymagała tego sytuacja, mogli okazać współczucie.

Kilka lat temu pewien dwudziestoletni mężczyzna podszedł do urzędnika imigracyjnego w Dover.

Nie miał ze sobą paszportu, pieniędzy ani żadnych rzeczy.

Twierdził, że został okradziony w Hiszpanii, ale przy pomocy obcych ludzi zdołał dotrzeć do Dover.

Urzędnik przyglądał mu się uważnie, widząc przed sobą człowieka, który wyglądał żałośnie, był wyniszczony i zaniedbany.

Twierdził, że nazywa się Kevin Bird, a paszport skradziono mu razem z pieniędzmi.

Twierdził, że jest Brytyjczykiem, urodzonym w Anglii.

Bardzo chciał, aby po ciężkich przeżyciach pozwolono mu wrócić do domu.

Urzędnik zauważył, że człowiek ten mówił z akcentem liverpoolskim.

Thankfully the times when Polish people were terrified and frightened while customs clearance are gone.

Immigration officers used to be polite but cold, formal and suspicious.

But even then they could show compassion when the situation demanded.

Some years ago a young man in his twenties approached an Immigration officer in Dover.

He had no passport, money and no other belongings.

He claimed that he had been robbed in Spain, but with the help of strangers he had managed to reach Dover.

The officer inspected him carefully, nothing that the young man looked poorly, emaciated and bedraggled.

His name, he said, was Kevin Bird and his passport had been stolen along with his money.

He was British, born in England.

He desperately wanted to be allowed to return home after his ordeal.

The officer noted that he spoke with a Liverpudlian accent.

Postanowił więc poprosić o radę swojego szefa. Jego odpowiedź zdumiała urzędnika.

He decided to ask for advice from his superior whose response took him by surprise.

Młody człowiek, aby udowodnić swoje pochodzenie, musiał zarecytować parę dziecięcych wierszyków oraz odpowiedzieć na kilka pytań związanych z piłką nożną.

The young man had to prove his Englishness by reciting a nursery rhyme and answering some questions about football.

Kevin Bird był zaszokowany, kiedy usłyszał tę prośbę, ale udało mu się dokończyć przedszkolną rymowankę „Humpty Dumpty".

Kevin Bird was taken aback by this request, but managed the complete the rhyme "Humpty Dumpty".

Musiał też odpowiedzieć, której drużynie piłkarskiej kibicował. Była to Chelsea.

The man had to say which team he supported – it was Chelsea.

Wiedział także, kto zwyciężył w piłkarskiej lidze w zeszłym roku: był to znowu klub Chelsea.

He also knew who had won the Football League the previous year: again, it was Chelsea.

Znał również nazwę stadionu piłkarskiego należącego do Chelsea – Stamford Bridge.

He also knew the name of Chelsea's football ground – Stamford Bridge.

Oficer był tak zadowolony z tych wypowiedzi, że pozwolił, by Kevin zadzwonił ze służbowego telefonu do rodziny, by zorganizowała fundusze na jego powrót do Liverpoolu.

The officer was so pleased with these answers that he allowed Kevin to use the office phone to ring his family to organise funds for his journey back to Liverpool.

Zastanawiam się, czy polski urzędnik imigracyjny zachowałby się w taki sposób, okazując tyle współczucia i wyobraźni.

I wonder to myself if Polish immigration officers would have behaved with such compassion and imagination.

Pora wjechać na pokład promu.

Now it's time to board the ferry.

Autokar wjeżdża na ogromny parking z 200 pasami na setki pojazdów.

The coach drives onto the gigantic park with 200 lanes for hundreds of vehicles.

Prom wygląda jak pływający siedmiopiętrowy budynek, mający około 200 metrów długości.

The ferry looks like a gloating seven – storey building, about 200 meters in length.

Wszędzie jest pełno okrągłych okien, a prom jest pomalowany na biało, czerwono i granatowo – narodowe kolory Francji.

There are potholes everywhere and the ship is painted in France's national colours – white, red and dark blue.

Przód statku zwany jest dziobem, a tył nosi nazwę rufy.

A ship's front section is called the bow, and the back is the stern.

Prawa strona nazywa się prawą burtą, lewa – lewą burtą.

Its right side is traditionally called starboard, and the left, port.

*W języku angielskim nie mówi się ten statek, ale **ta** statek, ponieważ zachodzi podobieństwo między statkiem, który przewozi swoich pasażerów, a matką, która nosi w sobie swoje dziecko.*

*A ship is always referred to as **she** in English because she carries her passengers like a mother carrying a child.*

Kiedy kapitan dokonał prezentacji i wyjaśnił kilka spraw, prom zaczął płynąć w kierunku Dover.

Once the captain has made an introductory announcement, the ferry sets sail for Dover.

Kiedy prom rusza w drogę, wielojęzyczny tłum pasażerów odkrywa, że podczas tej dziewięćdziesięciominutowej podróży może podziwiać otoczenie lub spoglądać na horyzont z pokładu statku.

Once we are on our way, the multilingual passengers find that they have ninety minutes to enjoy their surroundings or just gaze at the horizon from the deck.

Kredowobiałe klify w Dover są niezwykłym wprowadzeniem do Anglii. Ich piękno zapiera dech w piersiach.

Dover's chalk – white cliffs are an unusual introduction to England. Their beauty really do take your breath away.

Droga autokarem do Londynu wiedzie nas przez piękne krajobrazy.

Our coach journey to London takes us through beautiful countryside.

Pola są podzielone zielonymi miedzami, ze starymi, dzielącymi je, granicznymi pasami, które stanowią doskonałe środowisko życia dla borsuków, lisów, ptaków, pszczół i innych gatunków dzikiej przyrody.

The fields are divided by hedges, ancient boundaries which are valuable habitats for badgers, foxes, birds, bees and many types of wildlife.

Z daleka możemy zobaczyć Canary Wharf, bardzo wysoki budynek z dachem w kształcie piramidy, pierwszy znak, że Londyn jest już niedaleko.

In the far distance we can already see Canary Wharf with its pyramid-shaped roof, the first sign of London's presence ahead.

Wysoki budynek jest otoczony dwoma wieżowcami.

It is flanked by two other tall towers.

Większość pasażerów autokaru jest w Londynie po raz pierwszy w życiu, toteż niektórzy z nich wyglądają na bardzo niespokojnych.

Most of the coach passengers are visiting London for the first time, and some of them already look apprehensive.

Londyn wciąż jeszcze mnie wzrusza i zgadzam się z dr. Johnsonem, słynnym londyńskim kronikarzem, który mówił:
„Jeśli jesteś zmęczony Londynem, to znaczy, że jesteś zmęczony życiem!".

Yet London still stirs my emotions and I agree with dr. Johnson, a famous London diarist:
"If you are tired of London you are tired of life".

Jechaliśmy przez londyńskie południowe dzielnice: Lewisham, Peckham, Brixton, Vauxhall, poprzez most Vauxhall, aż do Dworca Autokarowego Victoria.

We went our way through London's southern suburbs, Lewisham, Peckham, Brixton, Vauxhall and over Vauxhall Bridge to the Victoria Coach Station.

Niektórzy z pasażerów są serdecznie witani, wpadają w objęcia rodziny czy przyjaciół.

As the passengers disembark, some are joyfully received into the embrace of family or friend.

Ale niektórzy rozglądają się wokół bojaźliwie, bo nikt tu na nich nie czeka.

But others look round at their new surroundings quite timidly, as here is no-one to welcome them.

Obawiam się o nich, wiedząc, że jest wielu nieuczciwych pośredników, którzy wciąż żerują na ludziach przyjeżdżających do Zjednoczonego Królestwa.

I am fearful for them, knowing as I do that there are dishonest middlemen who still deceive these travellers to the UK.

Zamiast pracy i lokum, które były zapłacone z góry – nie ma nic!

Instead of the job and the room they have paid in advance for – there is nothing!

Caveat emptor!

Caveat emptor!

(Łacińskie powiedzenie, które w tłumaczeniu brzmi: „Niech kupujący ma się na baczności!")

(Let the buyer beware!)

OBYCZAJE

CUSTOMS

Co musisz wiedzieć, zanim przyjedziesz do Zjednoczonego Królestwa.

What you need to know before you arrive in the United Kingdom.

Ważne jest, abyś znał różnicę między Zjednoczonym Królestwem a Wielką Brytanią.

It is important to know the difference between the UK and Great Britain.

I. Zjednoczone Królestwo składa się z czterech różnych krajów:
1. Anglii,
2. Szkocji,
3. Irlandii Północnej,
4. Walii.

I. United Kingdom consists of four different countries:
1. England,
2. Scotland,
3. Northern Ireland,
4. Wales.

II. Wielka Brytania – to nazwa, która odnosi się tylko do wyspy i zawiera:
1. Anglię
2. Szkocję
3. Walię.

II. Great Britain refers to the island that contains
1. England,
2. Scotland,
3. Wales.

Anglia jest podzielona na czterdzieści pięć regionów, zwanych hrabstwami (województwami), (shire jest starszym określeniem na hrabstwo, czyli county), np. Yorkshire, Staffordshire.

England is divided up into forty fives regions, called shires or counties (shire is the older word) e.g. Yorkshire, Staffordshire.

Każde hrabstwo ma swój lokalny rząd, który zajmuje się sprawami w jego obrębie, lecz wszystkie są podporządkowane brytyjskiemu rządowi i jego prawu.

Each county has its own local government to look after services within the county but they are all subject to the British government and its laws.

Londyn otoczony jest przez pięć hrabstw (województw), które znane są jako województwa „domowe".

London is surrounded by five counties which are known as the home counties.

Są to:
1. Surrey,
2. Middlesex,
3. Essex,
4. Kent,
5. Hertfordshire.

They are:
1. Surrey,
2. Middlesex,
3. Essex,
4. Kent,
5. Hertfordshire.

Jeśli znajdujesz się w Hampton Wick, jesteś w Middlesex, lecz kiedy przejedziesz mostem nad Tamizą – jesteś w Surrey.

If you are in Hampton Wick you are in Middlesex, but when you cross the bridge over the Thames you are in Surrey.

Na terytorium Anglii mówi się różnymi dialektami.

All over England various dialects are spoken.

Najsłynniejszym dialektem jest „cockney", który pochodzi ze wschodniej części Londynu.

The most famous is cockney which originates in the east of London.

Jak głosi tradycja, żeby być tym, kto mówi „cockney", trzeba się urodzić w promieniu słyszalności dzwonów kościoła w dzielnicy Bow.

Tradition says that to be a cockney you need to have been born within the sound of the church bells at Bow.

Bardzo popularny serial „Ludzie ze wschodniego Londynu", który jest emitowany w telewizji od lat, używa typowego dialektu, którym się mówi w dzielnicy East End.

A very popular soap opera called "Eastenders", which has been shown on TV for years, is typical of the dialect spoken in the East End.

Ta odmiana języka nie powinna jednak być wzorem do nauki twojego angielskiego!

But this kind of language shouldn't be a model for the way you speak English!

Powinieneś dążyć do tego, by mówić dobrą angielszczyzną, która jest zrozumiała i poprawna.

You should strive to speak good English which is understandable and correct.

Najlepszy wzór mówionego języka angielskiego to tzw. „angielski Królowej" lub „standardowy angielski".

The best English spoken is called "Queen's English" or "standard English".

Poprawny język, używany przez klasy wyższe i wykształcone, zwany jest oksfordzkim. Lekarze, adwokaci, naukowcy często używają „angielskiego z Oksfordu".

The normal accent used by the upper classes is "Oxford". Doctors, solicitors and scientists often use "Oxford English".

Jeśli więc masz szczęście i okazję, aby słuchać kogoś, kto mówi tym znakomitym angielskim, skorzystaj z niej.

So, if you are lucky, and you have the opportunity to listen to somebody who speaks this perfect English, grab your chance.

Słuchaj uważnie i notuj wszystko, czego się nauczysz.

Listen intently and jot down everything you learn.

Gdziekolwiek idziesz, gdziekolwiek jesteś, powinieneś zawsze mieć ze sobą notes i pióro, aby notować wyrażenia i zwroty upewniając się, w których sytuacjach mogą być użyte.

Wherever you go, wherever you are, you should always have a notebook and a pen with you to note down phrases and expressions, making sure you know which situations they are used in.

Jeśli ktoś dziękuje ci za coś, co zrobiłeś, nigdy nie odpowiadaj: „proszę", zawsze mów: „wszystko w porządku!" lub „cieszę się, że jesteś zadowolony" (co jest adekwatne do słowa „proszę" w języku polskim).

If somebody thanks you for something you've done, never answer: "Please!", always answer: "That's all right!" or "You're welcome".

Jeśli ktoś pragnie poczęstować cię kawałkiem ciasta, mówi: „Poczęstuj się, proszę!". Ty odpowiadasz: „Tak, poczęstuję się, dziękuję".

If somebody is offering you a piece of cake he says: "Help yourself, please!" You answer: "Yes, I will, thank you".

„Przepraszam, chciałbym przejść" (gdy ktoś blokuje przejście).

"Excuse me, may I pass by".

„Proszę najpierw (przejść)" – mówisz, kiedy chcesz kogoś przepuścić przez drzwi przed sobą.

"After you" is what you say when you want somebody to go through the door first.

Jeśli nie usłyszałeś, co ktoś właśnie powiedział, a ty chciałbyś, żeby powtórzył swoje pytanie – nigdy nie pytaj: „co?" – lecz zawsze użyj zwrotu: „Proszę? (Słucham?)", lub „Proszę?", zmieniając intonację głosu.

If you haven't heard what somebody just said and you want him to repeat his question – never ask – "what?" – but always ask – "Pardon?" or "Sorry?" changing the intonation of your voice.

Czasami, kiedy czekasz w sklepie lub restauracji na swoją kolejkę, osoba obsługująca zapyta: „Czy jesteś obsługiwany?".

Sometimes when you are waiting in a shop or restaurant for your turn the salesperson will ask "Are you being served?".

Masz do wyboru następujące odpowiedzi:
„Tak, jestem, dziękuję",
„Nie, ta pani jest przede mną",
„Nie, nie jestem".

You are left with a choice of reply:
"Yes, I am, thank you",
"No, this lady is first",
"No, I am not".

Zawsze bardziej stosowne jest używanie określenia „pani" niż „kobieta".

Wherever possible it is more polite to refer to "a lady" rather than "a woman".

W ten sposób okazujesz więcej szacunku dla tej osoby, potwierdzasz też swoje nienaganne maniery.

This shows more respect and you will prove you have good manners.

JEDZENIE I PICIE

Śniadanie

W Londynie jest mnóstwo zagranicznych restauracji.

Restauracje hinduskie i chińskie są bardzo popularne, lecz Anglicy uwielbiają swój własny, angielski sposób gotowania.

Typowe angielskie śniadanie zwykle było posiłkiem bardzo obfitym i pożywnym.

Tradycja tego solidnego posiłku wywodzi się z czasów, kiedy większość ludzi pracowała o wiele ciężej niż dzisiaj, a większość robót wykonywano ręcznie.

Byli to górnicy węgla i cynku z Walii i Kornwalii oraz hutnicy z północy Anglii.

Górnicy musieli zjeść rzeczywiście solidny posiłek przed zniknięciem na 12-godzinną zmianę w kopalni.

Hutnicy także potrzebowali bardzo zdrowego, solidnego śniadania przed ciężką pracą w hutach wokół Sheffield.

Pracując ciężko, spalali energię bardzo szybko.

EATING AND DRINKING

Breakfast

There are plenty of foreign restaurants in London.

Indian and Chinese restaurants are very popular, but English people adore their own English cooking.

A typical English breakfast used to be a very rich and nourishing meal.

The tradition of such a solid meal stems from the old days when most people laboured harder then they do nowadays and most work was manual.

There were coal and zinc miners from Wales and Cornwall and steel workers from the north of England.

The miners had to have a really solid meal before disappearing for their 12-hour shift underground in the pit.

Steel workers also needed to have a wholesome breakfast before their hard work in steel works around Sheffield.

Working so strenuously caused them to "work it off" very quickly.

W skład typowego angielskiego śniadania wchodzi wszystko, co jest smażone, na przykład:
boczek, kiełbasa, chleb, jajka, grzyby, pomidory i kaszanka.

A typical English breakfast consists of a "fry-up", meaning everything is fried, for example:
fried bacon and sausages, fried bread and eggs, mushrooms, tomatoes and black pudding.

Ludzie zamawiający śniadanie w restauracji często proszą o „pełne monty", co oznacza, że chcą otrzymać wszystko, co możliwe.

People ordering breakfast in a restaurant often ask for "the full monty" which means they want absolutely everything.

Jest to stare wyrażenie i nikt nie wie, skąd się wzięło.

This is an old expression and nobody is sure where it originated from.

Jeśli masz dużo do zrobienia, nie polecąłabym pełnej wersji angielskiego śniadania, jako że nie byłbyś w pełni wydajny po jego zjedzeniu.

If you have lots to do I would not recommend the full version of English breakfast as you will not be able to work efficiently after eating it.

Obiad

Tradycyjny niedzielny obiad składa się z pieczeni wołowej, pieczonych ziemniaków, „Yorkshire pudding" (chrupiące, gorące babeczki) i jarzyn.

Lunch

A traditional Sunday lunch consists of roast beef, roast potatoes, Yorkshire pudding (has to be hot and crispy) and vegetables.

Czasami je się udziec jagnięcia z sosem miętowym lub pieczoną wieprzowinę z sosem jabłkowym.

Sometimes people have a leg of lamb with mint sauce or roast pork with apple sauce.

Jarzyny mogą składać się z zielonego groszku, kalafiora w sosie z żółtego sera, kukurydzy, zielonej fasolki.

Vegetables might consist of green peas, cauliflower cheese, corn, or green beans.

Potem jest deser.

Then comes the dessert.

Zazwyczaj jest to gorąca, parująca szarlotka z lodami, ze śmietaną lub gęstym kremem (coś zbliżonego do budyniu).

Often this is a hot, steaming apple pie with icecream, covered with double cream or custard!

Bardzo smaczne!

Delicious!

Ryba i frytki

Fish and chips

Ten pyszny tradycyjny brytyjski posiłek stał się tak popularny, ponieważ Brytyjczycy są narodem wyspiarskim, otoczonym morzem.

This delicious traditional British meal became so popular because is an island nation surrounded by sea.

Z każdego miejsca w Anglii do wybrzeża jest nie dalej niż 50 mil.

Nowhere in England is more than 50 miles from the coast.

Każde miasto i duża wieś ma swój punkt handlowy, który sprzedaje ryby i frytki.

Every town and large village has its fish and chip shop.

Ryba jest zanurzona w lanym cieście, potem smażona w dużej ilości tłuszczu, co zapewnia jej złocistobrązowy kolor, jaki mają smażone ziemniaki czy frytki.

The fish is covered in batter, then deep-fried, which ensures that is appears as golden brown just like the fried potatoes, or chips.

Zarówno frytki, jak i rybę pakowano w papier, a potem otulano gazetą, aby były ciepłe, gdy klient przyniósł posiłek do domu.

Both used to be placed in a paper bag, then wrapped in newspaper to keep the dish warm for the customer to take home.

Stare powiedzenie zachowuje ten obyczaj: „Dzisiejsza wiadomość to jutrzejsze opakowanie ryby i frytek".

An old say saying preserves this custom: "Today's news is tomorrow's fish and chip wrapping".

Czas na herbatę

A tea time

Kiedyś tradycyjną godziną podwieczorku była godzina 16.00.

The traditional hour for afternoon tea was at 4 o'clock.

Ludzie zwykle pili herbatę parzoną w czajniku wykonanym z kruchej, przezroczystej porcelany w bardzo cienkich, często maleńkich filiżankach.

People used to drink tea from a dainty bone china teapot and very thin, often very small cups.

Filiżanki zawsze były ze spodeczkami, nie tak jak kubki, których używa się teraz.

Cups always had matching saucers to hold them, unlike the mugs used now.

Na podwieczorek jedzono bardzo małe i cienkie kanapki z ogórkiem lub z ogórkiem i łososiem.

Very tiny, thinly cut cucumber or cucumber and salmon sandwiches were consumed at tea time.

Był również ogromny wybór słodkich wypieków, jak ciasta owocowe, ciasteczka i bułeczki mleczne z rodzynkami.

There was also a variety of sweet treats like fruit cake, biscuits and scones.

Jakże zmieniły się czasy!

How times have changed!

Obecnie większość ludzi pracuje, więc tradycja celebrowania tego posiłku w taki sposób zanikła, chociaż zdarza się jeszcze przy wyjątkowych okazjach.

Most people are now busy working, so the tradition of celebrating this meal in such a strict way has largely disappeared, though it still occurs on special occasions.

Teraz ludzie piją herbatę w ciągu całego dnia, gdziekolwiek się znajdują.

Nowadays people drink tea throughout the day, wherever they are.

W pracy, w domu i w innych miejscach pokrzepiają się i orzeźwiają ogromną ilością herbaty.

At work, at home and at other places they refresh themselves and are reenlivened by drinking plenty of tea.

Niektórzy z bardziej zagorzałych herbaciarzy potrafią wypić dziennie nawet do piętnastu filiżanek herbaty!

Some of the more devoted tea drinkers consume up to fifteen cups of tea a day!

Obecnie herbatę pije się z kubków.

Now tea is usually drank out of mugs.

Anglicy lubią mieć swoje własne kubki i używają ich zarówno w pracy, jak i w domu.

English people like to have their own mugs and stick to the same one, at work and at home.

Większość Anglików parzy herbatę ekspresową.

Most English people make their tea using tea bags.

Torebki herbaty ekspresowej są prawie dwa razy większe od polskich, tak że esencja herbaciana jest dwa razy mocniejsza.

These tea bags are almost twice as big as Polish ones, so the infusion of tea is twice as strong.

Herbata jest tak silna i ciemna, że przeciętny Anglik nie wyobraża sobie picia jej bez mleka, które łagodzi gorzki smak herbaty.

The tea is so strong and dark that the average Englishman couldn't imagine drinking his tea without milk which makes the taste less bitter.

Herbata jest również często słodzona.

Sugar is also often added.

Tak więc pudełko herbaty i butelka mleka są zawsze w zapasie, gdyż żaden Anglik nie potrafiłby żyć bez herbaty.

So the box of tea bags and the bottle of milk are always in supply, no Englishman could live without their tea.

Po wypiciu kubka herbaty czują nowy przypływ sił i są gotowi pracować dalej.

After they have finished their mug of tea they feel revitalised and ready to continue their work.

Puby

Pubs

Puby są ważnym aspektem brytyjskich obyczajów i przez stulecia były miejscem spotkań towarzyskich.

Public houses are an important aspect of the British way of life, and have served for centuries as meeting places.

Rzeczywiście, początki pubów sięgają czasów rzymskich, kiedy to powstawały gospody, aby posilać znużonych wędrowców.

Indeed, they date back to Roman times, when inns were first established to provide refreshment for the weary traveller.

Wiele z tym miejsc nosi wciąż swoje tradycyjne nazwy, jak „Czarny Koń", „Lis i Psy", „Markiz z Granby" i „Głowa Króla".

Many of them still have their traditional names, such as "The Black Horse", "The Fox and Hounds", "The Marquis of Granby" and "The King's Head".

Pojawiają się też nowe trendy w nazwach, jak „Ślimak i Sałata".

New trendy ones are appearing too, like "The Slug and Lettuce".

Niestety, w większości londyńskich pubów puszczana jest tak głośna muzyka, że nie słyszy się własnych myśli, a co dopiero mówić o rozmowie.

Sadly, most London pubs now play such loud music that it has become impossible to hear oneself think, let alone talk above it.

Rzeczywiście, muzyka jest gdzieniegdzie tak głośna, że trzeba by używać języka migowego.

Indeed, some music is so loud that you feel you need sign language!

W piątkowe wieczory pub zdaje się być wypełniony ludźmi krzyczącymi do siebie, żeby się porozumieć.

On Friday evening the pub seems to be full of people shouting at each other to communicate.

Są tam również klienci, którzy siedzą cicho i samotnie, jedynie z kuflem piwa do towarzystwa, którzy wyglądają na smutnych i zatroskanych, ponieważ nie ma przy nich nikogo, z kim mogliby się podzielić swoimi troskami.

Then there are the customers who sit silently alone with their lager glasses for company, looking sad and depressed because they have no-one to share their troubles with.

Ostatnio niektórzy właściciele pubów zdecydowali się przeciwstawić tym antyspołecznym warunkom w pubach, zakazując puszczania muzyki w ogóle.

Recently some publicans have decided to fight these anti-social conditions by banning music from their pubs completely.

W dodatku postanowili wprowadzić do swoich pubów ogromne okrągłe stoły, aby klienci mogli siedzieć obok siebie i rzeczywiście ze sobą rozmawiać.

In addition, they have introduced large round tables so that their customers can sit side by side and actually talk to each other.

Ta inicjatywa rozprzestrzenia się z szybkością błyskawicy, przyciągając ludzi do pubów bez muzyki.

This innovation is spreading like wildfire, and people are flocking to the pubs with no music.

Każdy pragnie się kontaktować i być rozumianym przez drugą osobę.

Everyone loves to communicate and be understood by someone else.

Nawet w XXI wieku funkcja pubu jako miejsca spotkań danej społeczności jest wciąż nie do podważenia.

Even in the 21th century, the function of the pub as a meeting place within the community is still sacrosanct.

POGODA

Jeśli jesteś w towarzystwie Anglików i nie wiesz, co powiedzieć, by włączyć się do ich rozmowy, zacznij mówić o pogodzie.

Jest to zawsze temat bezpieczny, który nie rozdrażnia nikogo i nigdy nie prowadzi do nieporozumień.

Miej w zanadrzu kilka wyrażeń i zwrotów, by móc wypowiadać krótkie komentarze na temat:
– dobra widoczność,
– ciśnienie atmosferyczne,
– grzmot i błyskawica,
– rozpogodzenia,
– opady deszczu,
– temperatura spada poniżej zera.

Mógłbyś się nawet wesprzeć dwoma bardzo popularnymi angielskimi przysłowiami:

Czerwone niebo z wieczora to radość pasterza.

Czerwone niebo u dnia proga, to dla pasterza przestroga.

WEATHER

If you are in the company of Englishmen and you don't know what to say to be included in their conversation, start talking about the weather.

This is always a safe topic which doesn't upset anybody and never leads to disagreements.

Have some expressions and phrases up your sleeve and begin by making short comments on:
– good visibility,
– the atmospheric pressure,
– the thunder and lighning,
– sunny intervals,
– rainy spells,
– the temperature will fall below freezing.

You could even support yourself with two very well known English proverbs:

Red sky at night is shepherd's delight.

Red sky in the morning, a shepherd's warning.

RÓŻNORODNOŚĆ KULTUROWA

VARIETY OF CULTURES

Wielka Brytania jest krajem wielokulturowym.

Great Britain is a multicultural country.

Każdy, kto przyjeżdża do Wielkiej Brytanii, zaczyna się uczyć nowego sposobu widzenia, myślenia i postępowania.

Everyone who comes to Great Britain starts learning new ways to see, think and behave.

Są tutaj ludzie z całego świata, różnych ras, religii i kultur.

There are people here from all over the world, of different races, religions and cultures.

U podłoża brytyjskiej demokracji leży wielki humanitaryzm.

A great humane idea lies at the foundation of British democracy.

Jest on tym, co przyciąga do tego kraju ludzi, a co jest trudne do objaśnienia.

That is the reason why people are drawn to this country by something that is difficult to explain.

Jest to obietnica wielkiej wolności, poczucia bezpieczeństwa i pewności, ochrony prywatności, poprawy bytu.

It is a promise of great freedom, a feeling of safety, security, privacy and prosperity.

Doświadczasz wspaniałego uczucia, kiedy przyjeżdżasz tutaj po raz pierwszy, ale nie wiesz, co to takiego.

There is a glorious feeling that you experience when you first come here, yet you don't know what it is.

Potem doznajesz olśnienia!

Then it dawns on you!

Nie jesteś tutaj oceniany.

You are not judged here.

Nie jesteś przez nikogo pouczany, instruowany.

You are not being taught or instructed by anybody.

Nikt ci w tym kraju nie dyktuje, co masz robić.

You are not told what to do in this country.

Najpierw obawiasz się, że ktoś mógłby zacząć ci dawać rady, które ograniczałyby twoją nowo nabytą niezależność, lecz ku twojemu zaskoczeniu nic takiego się nie dzieje.

At first you fear that somebody might start to give you orders and curb your newly developed independence but, to your surprise, nothing like this happens.

Ludzie, którzy przyjechali do tego kraju, przywieźli ze sobą swój sposób myślenia, zachowania, a nawet ubierania.

People who arrived in this country have brought with them their way of thinking, behaving, even dressing.

Mogą tutaj robić, co im się podoba, pod warunkiem, że nie koliduje to z prawami innych.

They can do what they like, provided it doesn't interfere with the right of others.

Kiedy jesteś w wielokulturowym, wielorasowym tłumie, który właśnie wylewa się ze stacji kolejowej w Clapham (która jest najbardziej ruchliwym węzłem kolejowym w Wielkiej Brytanii), czujesz się jednym z nich.

When you are among a crowd of multicultural, multiracial people that just pours out of the Clapham Junction Railway Station (which is the busiest railway junction in Great Britain) you feel you are one of them.

Jeśli jesteś jednym z nich – zachowuj się jak oni – nie osądzaj ich.

If you are one of them – behave like them, don't judge them.

Ludzie w tym przemieszczającym się tłumie są ubrani zwyczajnie lub wystrojeni, mają starannie ułożone fryzury lub są w ogóle nieuczesani.

People in this milling crowd are dressed casually or overdressed with hair styles that are over-elaborate or not combed at all.

Mogą mieć tatuaż na rękach lub nogach, mogą mieć kawałki metalu lub kółka w nosach lub ustach.

They might have tattoos on their arms or legs, they might have studs or rings in their noses or lips.

Widać mężczyznę ubranego na czarno, w skórzanym płaszczu tak długim, że zamiata ziemię.

A man may appear dressed in black, with a long leather coat which sweeps the ground.

Niektórzy są obwieszeni biżuterią, mają sceniczny makijaż.

Some people may be loaded with jewellery, with theatrical make-up.

Niektóre panie, zbyt pulchne, z wielkim trudem spacerują na wysokich obcasach.

Some ladies may be too plump or can scarcely walk on their high-heel shoes.

Lecz nikt z tego tłumu nie zwraca uwagi na to, jak wyglądają inni.

But nobody from this throng cares what others looks like.

Oni są u siebie w domu, czują się swobodnie i mogą nosić na sobie cokolwiek im się zamarzy.

They are in their home, where they feel free, and they can wear whatever they please.

Kiedy zobaczysz coś, co wygląda dziwnie, radzę, abyś okazał powściągliwość.

When you see something that looks strange to you, I advise you to show restraint.

Bądź cicho i nie wyglądaj na zdziwionego.

Be silent and don't look surprised.

Nie czyń żadnych ordynarnych komentarzy lub uwag po polsku na temat tego, co zrobiło na tobie wrażenie.

Don't make any rude comments or remarks in Polish about what strikes you.

Jeśli zobaczysz kogoś spacerującego po ulicy tylko w skarpetkach, nie okazuj zdziwienia.

If you see somebody walking along the street only in socks, don't show any surprise!

Nie psuj mu (jej) przyjemności bycia wolnym i robienia tego, czego tylko zapragnie.

Don't spoil his or her pleasure in being free to do whatever he or she wants to do.

Jeśli jesteś tutaj, zacznij być tolerancyjny dla wszystkiego, co widzisz.

If you are here, start to be tolerant of what you see.

Postaraj się wtopić w to zróżnicowane społeczeństwo.

Try to blend in with this diverse society.

Spróbuj pewnego dnia przejść się po chodniku tylko w skarpetkach, zobaczysz, jakie to przyjemne, kiedy nikt nie wyśmiewa twojego dziwacznego zachowania.

Try one day walking on the pavement only in socks; you will see how pleasant it is not to have your eccentric behaviour laughed at.

Jeżeli spotkasz ludzi, którzy zachowują się dziwnie, są otyli, cudacznie ubrani lub nawet półnadzy:
– nie przyglądaj się im;
– nie odwracaj się za nimi przechodząc obok;
– nie trącaj swojego towarzysza i nie szepcz: „spójrz na nią, czy ona nie jest głupia, co ona zrobiła ze swoim językiem?".

If you meet people who are behaving strangely, overweight, dressed oddly or even halfnaked:
– don't stare at them;
– don't turn round while passing them;

– don't nudge your companion and whisper: "look at her, isn't she stupid, what has she done to her tongue?".

Nigdy nie bądź zdziwiony.

Never act surprised.

Dostosuj się do tych specyficznych warunków kulturowych tak szybko, jak to jest możliwe.

Adapt as quickly as possible to these particular cultural attributes.

Zmień swoją postawę!

Change your attitude!

Jesteś w Wielkiej Brytanii.

You are in Great Britain.

Zaściankowy sposób myślenia nie pasuje tutaj.

A parochial outlook doesn't belong here.

Nie osądzaj innych.

Don't be judgemental.

Zmieszaj się z twoimi nowymi rodakami.

Mix with your new countrymen.

Kiedy jesteś w Rzymie, postępuj jak Rzymianie.

When in Rome, do as the Romans do.

Potraktuj dosłownie to stare łacińskie przysłowie i zawsze miej je na uwadze.

Take the old Latin proverb literally and always keep it in mind.

***

***

Po przyjeździe do tego kraju jesteś wśród Anglików i przybyszów, którzy stali się obywatelami brytyjskimi.

After you have arrived in this country you will be surrounded by Englishmen and newcomers who have become British citizens.

Możesz pracować dla bogatych Chińczyków, Hindusów lub Turków, którzy dadzą ci pracę, lecz mogą cię wykorzystać, jeśli nie będziesz ostrożny.

You may work for rich Chinese, Indians or Turks who will give you work but may exploit you if you are not careful.

Oni dali ci pracę, a więc musisz robić, co ci każą.

They are your employers so you will have to put up with everything they come up with.

Jesteś od nich zależny, bo ci płacą.

You depend on them for your wages.

Tak jak jesteś uprzejmy w stosunku do ludzi z Zachodu, tak nie możesz wywyższać się w stosunku do Rosjan, Ukraińców, Litwinów, Węgrów, Czechów czy Bułgarów.

Just as you can be too servile to westerners, so can you be too haughty to Russians, Ukrainians, Lithuanians, Hungarians, Czechs or Bulgarians.

Nie można przenosić uprzedzeń ze swojego kraju na angielską ziemię.

You can't bring old prejudices from your old home to England.

Zapomnij więc o różnicach, starych waśniach i zacznij traktować tych ludzi z szacunkiem.

So forget about our differences and old conflicts and start treating, these people with respect.

Postaraj się wytworzyć specjalną więź z ludźmi z krajów sąsiadujących z nami.

Try to create a special bond with the people from our neighbouring countries.

***

***

W Londynie znajdują się liczne skupiska ludzi wywodzących się z różnych środowisk, religii i ras.

There are various groups of people of different backgrounds, religions and races in London.

Możesz spotkać na swej drodze ortodoksyjnego Żyda.

You may meet on your journey an Orthodox Jew.

Ma na głowie czarny kapelusz, pejsy opadają mu na twarz.

A black homburg hat is on his head and ringlets fall down on his face.

Jego synowie wyglądają tak jak on, tylko w miniaturze.

His small sons look like him only in miniature.

On jest wierny swojej wierze i dumny, że może pokazać światu przywiązanie do niej.

He is faithful to his beliefs and he is proud to show his commitment to the world.

A więc kiedy go mijasz, uśmiechnij się przyjaźnie do niego i jego dzieci, okazując szacunek dla jego postawy.

So, when you pass him by, smile pleasantly at him and at his children, showing your respect for his attitude.

Jego wygląd to część tego wielkiego tygla, gdzie jest miejsce również na twój wygląd i twoje wierzenia, jakiekolwiek one są.

His looks are part of a big melting pot, where there is a place for your attitudes and beliefs, whatever they are.

***

***

Możesz spotkać grupę gorliwych, tradycyjnych mahometan. Będąc w parku, decydują się na modlitwę i robią to pięć razy dziennie.

You may meet a groups of Muslims who are zealous and traditional. While in the park, they decide to pray, as they do five times daily.

Klęczą, pochylają się, biją czołem o ziemię, zwróceni na wschód.

They kneel, bend, press their heads to the ground, all of them in an easterly direction.

Miej respekt dla ich religijności.

Have respect for their devotion.

Nie mijaj ich z przodu, trzymaj się tyłu modlącej się grupy.

On your way forward don't walk in front of them, stay behind this praying group.

Nie chichocz, nie rób znaczących min.

Don't giggle or make faces.

Idź spokojnie, okazując szacunek dla ich religii, tak jak chciałbyś, aby oni okazywali szacunek dla twoich wierzeń.

Walk calmly, showing your respect for the beliefs of their religion as you would have them pay respect to your faith.

***

***

Jeśli ktoś w twoim otoczeniu ma czarną skórę, staraj się być tak sympatyczny dla tej osoby, jak to tylko możliwe.

If there is somebody around who is black, try very hard to be as sympathetic to this person as possible.

Staraj się nie dostrzegać koloru ich skóry, lecz szukaj w nich rzeczywistych wartości.

Try not to be conscious of the colour of their skin but think about their character.

Poprawność polityczna wymaga, żeby nie nazywać ich obraźliwymi przezwiskami.

Political correctness means that you can't call them by derogatory names.

Zawsze staraj się wczuć w sytuację drugiej osoby.

Always try to use empathy, to see how you would feel in their place.

Może by ci pomogło, gdybyś wyobraził sobie własną siostrę, która zakochuje się w Murzynie z Karaibów, a ty jesteś jego szwagrem.

It might help if you tried to imagine your sister falling in love with an Afro-Caribbean man, and you are his brother-in-law.

Kochasz swoją siostrę, musisz więc zaaprobować jej wybór mimo uprzedzeń.

You love your sister, you have to approve of her choice inspite of your prejudices.

Dla jej dobra powinieneś zmienić swoją postawę.

You would change your attitude for her sake.

Aby chronić tych, którzy cierpią z powodu prześladowań rasowych, powołano Komisję do spraw Stosunków Między Ludźmi Różnych Ras.

The Race Relation Board, was established to protect people from suffering racial harassment.

Nigdy nie zachowuj się niepoprawnie wobec swych ciemnoskórych kolegów, bo sam możesz stać się ofiarą uprzedzeń.

Never behave incorrectly towards your dark-skinned colleagues as you yourself could become a victim of prejudice.

Mógłbyś usłyszeć, że nie jesteś w tym kraju mile widziany za burzenie tutejszego porządku rzeczy.

It could be said that you are not welcome in the country for disturbing the order which has been established here.

***   ***

Jeśli ktoś, kogo znasz jest gejem, staraj się być dla niego sympatyczny i pełen zrozumienia.

If there is somebody you know who is gay, try to be friendly and understanding.

Bądź tolerancyjny wobec homoseksualisty, który jest w twoim otoczeniu.

Be tolerant of to any gay person in your circle.

Zawsze staraj się sobie wyobrazić, co by było, gdybyś to ty był w ich sytuacji.

Always try putting yourself in other people's shoes.

Staraj się nie mieć homofobicznych uprzedzeń.

Try not to have any homophobic feelings.

Jeśli potrafisz przezwyciężyć te uprzedzenia, będziesz z siebie zadowolony.

If you can overcome these feelings of prejudice you will feel pleased with yourself.

Ci, którzy zdecydowali się „wyjść z ukrycia", ponieważ dłużej nie potrafili prowadzić podwójnego życia, nie są w Wielkiej Brytanii napiętnowani.

Those who have decided to "come out" because they can no longer lead a double life are not ostracised by people in Great Britain.

Czują się tutaj wolni, robią, co im się podoba.

They feel free here, they do whatever they please.

Nie zaburzaj porządku wolnego społeczeństwa, istniejącego w tym kraju.

Don't try to upset the order of the free society which exists in this country.

***   ***

Zawsze traktuj z szacunkiem osoby starsze.

Always treat older people with respect.

Nieważne, czy są bogaci, czy biedni, bądź uprzejmy dla wszystkich.

It doesn't matter whether they are rich or poor, be kind to all of them.

Wstań, kiedy starsza osoba wchodzi do pokoju i wysłuchaj jej opinii ze zrozumieniem.

Rise when an older person enters the room and listen to their opinion with understanding.

Jeśli zobaczysz trochę zagubioną starszą panią, która boi się przejść przez ruchliwą ulicę, podejdź do niej i podaj jej ramię.

If you see a slightly confused old lady who is afraid of crossing the busy road, go to her and give her your arm.

Ona będzie ucieszona, a i ciebie to uraduje, ponieważ jej pomogłeś.

She will be pleased, and it will make you pleased as well that you have helped her.

Jesteś na przystanku, nadjeżdża autobus i tłum się pcha, aby wejść jak najszybciej.

You are at the bus stop,a bus arrives and then a crowd shoves and pushes to get on first.

Rozejrzyj się i jeśli zobaczysz za sobą starszą, bezradną osobę – przepuść ją, mówiąc grzecznie: „Proszę".

Turn back and if you see an older helpless person behind you – let her go in front of you saying politely: "After you".

Starsza osoba pamięta stare, dobre czasy, zanim zjawili się przybysze.

An older person remembers the good old days before all the newcomers arrived.

Wtedy to Anglicy stali w kolejce do autobusu grzecznie i cierpliwie.

English people then queued up politely and patiently to get onto the bus.

Postaraj się pomóc takiej osobie, aby czuła, że jest we własnym domu.

So try to make her feel at home.

Nigdy nie zachowuj się tak, aby Anglicy żałowali, że pozwolili ci tu przyjechać.

Never behave in such a way that English people sorry that they allowed you to come here.

***

Zawsze bądź na czas!

Always be on time!

Spóźnianie się – czy to do pracy, na spektakl czy na randkę – nie jest mile widziane.

Whether for work, entertainment or dates being late is unacceptable.

Wszystkie zegary na świecie chodzą według dokładnego czasu z Greenwich, z Królewskiego Obserwatorium (Greenwich jest częścią Londynu).

All clocks all over the world go by Greenwich Mean Time, which is taken from the Old Royal Observatory (Greenwich is a part of London).

Spóźnianie się w kraju, który dyktuje czas innym, byłoby nierozważne.

Being late in a country which dictates its time to others would be inconsiderate.

***

Próbuj się więcej uśmiechać i być bardziej pogodny.

Try to smile more and be more cheerful.

Jak trudno nam się uśmiechać do każdego i wszystkiego uświadamiamy sobie po przyjeździe tutaj, kiedy widzimy, że każdy się do nas uśmiecha.

How difficult it is for us to smile at everybody and at everything we become aware of when we come here and see everybody smiling at us.

Brytyjczycy witają się nieprzerwanie: „Jak się masz?" lub „Cześć, nie widziałem cię wieki".

British people greet each other constantly with "How are you?" or "Hello, I haven't seen you for ages".

Nie odpowiadaj jednak nigdy, jak się rzeczywiście czujesz!

But never answer by saying how you really feel!

Mógłbyś spowodować zamieszanie w całym ceremoniale, jako że osoba, która pyta, zawsze oczekuje pozytywnej odpowiedzi.

You would cause havoc in this old custom, as the person who asks always expects an affirmative answer.

Nigdy nie mów, że cię boli ząb lub że twoja ciocia właśnie umarła.	Never say that you have a tooth ache or that your auntie has just died.
Kiedy słyszysz, jak ktoś wita cię swoim „Jak się masz?", zawsze odpowiadaj: „W porządku, dziękuję" – nigdy nie wdawaj się w szczegółowe wyjaśnienia.	When you hear somebody greeting you with "How are you?" – always answer: "I'm fine, thank you" – don't go into details or explanations.
Czasami do „Dziękuję, dobrze" możesz dodać – „A co u ciebie?", przenosząc konwersację na drugą osobę.	Sometimes you can add to your "I'm fine, thank you" – "But what about you?" moving conversation to the other person.

***

Kiedy idziesz ulicą i ktoś uśmiecha się do ciebie, mówiąc „Cześć", odpowiedz również „Cześć".	When you walk along the street and someone smiles at you, saying "Hello", answer "Hello" too.
Anglicy są znani z grzeczności i dobrych manier.	English people are famous for their politeness and good manners.

***

Jest mnóstwo chuligaństwa, wandalizmu, graffiti na murach, a brak surowego prawa pozwala tej bezmyślnej działalności rozkwitać.	There is plenty of hooliganism, vandalism and graffiti as the laxity of the law allows these mindless activities to thrive.
Zdarza się ordynarny język, hałaśliwe zachowanie, grubiaństwo i wandalizm na oczach przechodniów.	There is bad language, rowdiness, rudeness and vandalism going on in front of passers by.
Ci młodzi ludzie nie są większością.	These young people are not typical.
Możesz się im przyglądać i uczyć się od nich, jak się nie zachowywać.	You can look at them and learn from them how not to behave.

Są jeszcze dookoła dobrze wychowani ludzie.

There are still gentlemen about!

Jeśli siedzisz w przedziale pociągu, pociąg się zatrzymuje, a ty chciałbyś wysiąść, zwracasz się do młodego mężczyzny siedzącego obok, przepraszając go, by go ominąć. Jeśli on podnosi się z lekka i mówi: „Proszę bardzo" – zachowuje się jak przystało na dżentelmena.

If you are sitting in a train compartment and the train comes to a stop you might get up and turn to a young man sitting next to you, excusing yourself as you want to pass. If he rises politely from his seat saying – "You are welcome" – he is behaving in a gentlemanly fashion.

Niektórzy ludzie, którzy zostali odpowiednio wychowani, zdołali przekazać swoim dzieciom te same wartości.

Some people who have been properly brought up have managed to pass on to their children the same values.

Mówią nieskazitelnym angielskim, zachowują się właściwie w każdych okolicznościach i mają dobre maniery.

They have faultless English language good manners and know how to behave appropriatly in every situation.

Oni jeszcze gdzieś istnieją – tylko musisz ich znaleźć.

They are still out there – you just have to find them.

PRZYJĘCIE

Brytyjczycy kochają wydawać przyjęcia z powodu specjalnych okazji.

Lubią zapraszać i być zapraszani na takie przyjemne spotkania.

Przyjęcia są wydawane z okazji chrzcin, urodzin, zaręczyn, ślubów, awansów w pracy, rocznic, Świąt Bożego Narodzenia i Nowego Roku.

Bywają również przyjęcia koktajlowe i przyjęcia w ogrodzie.

Przyjęcia wydawane są w domach prywatnych oraz w miejscach publicznych takich jak restauracje, puby, duże sale itd.

Kiedy przyjęcie wydawane jest w domu, gospodarze często wynajmują firmę gastronomiczną, aby dostarczyła wszystko, co potrzebne, aby goście byli zadowoleni.

Firma gastronomiczna przygotowuje jedzenie odpowiednie do danej okazji.

PARTY

British people love to throw parties for special occasions.

They like to invite and be invited to these pleasant gatherings.

Parties are held to celebrate baptisms, birthdays, engagements, weddings, promotions, anniversaries, Christmas and New Year.

There are also cocktail parties and garden parties.

Parties are held in private homes or in public venues like restaurants, pubs, halls etc.

When a party is held at home the hosts often hire a catering firm to provide the refreshments needed to keep the guests happy.

The caterer prepares the food to suit the occasion.

Firma gastronomiczna może dostarczyć duży wybór zakąsek, takich jak: orzechy, ciasteczka, marynowane warzywa (cebulki, ogórki, oliwki), kanapki, sandwicze dzielone na ćwiartki, sosy zimne i kiełbasy – wszystko podane do jedzenia palcami albo jako zakąski na cienkich patyczkach.

Całe to jedzenie jest popijane rozmaitymi drinkami.

NA PRZYJĘCIU U PRACODAWCY

Stłoczona grupka uczestników przyjęcia zebrała się wokół prowizorycznego barku, częstując się drinkami.

Następuje nalewanie, mieszanie, wstrząsanie i stukanie się kieliszkami, po czym przyjazne poklepywanie się po plecach, żarty i wybuchy śmiechu – to tylko faza przejściowa, zanim przyjęcie zacznie się na dobre.

Po spróbowaniu kilku drinków goście zaczynają bawić się wspólnie, z większym zapałem.

Zaczynają bardziej swobodnie krążyć wśród gości.

Poczerwieniały im twarze, gesty stały się bardziej ożywione, głosy podniesione.

They can provide a wide range of snacks including nuts, biscuits, cocktail pickles (onions, gherkins, olives), canapes, sandwiches cut into four, cheese dips and sausages all presented as finger food or eaten on sticks.

These foods are washed down with a variety of drinks.

AT AN EMPLOYER'S PARTY

A crowded group of party goers are gathered around the makeshift bar helping themselves.

Pouring, mixing, stirring and clinking of glasses takes place, followed by friendly back-slapping, jokes and bursts of laughter – this is only the transition stage before the party really start to liven up.

Once they have enjoyed a few drinks, the guests start to party socially and energetically.

They begin to circulate more freely.

Their faces become redder, their gestures become more animated, their voices become louder.

Siła ich głosów rośnie, głośniejsza jest również muzyka, aby wygrać konkurencję z ludzką wrzawą, aż hałas staje się nie do wytrzymania.

As the volume of their voices rises, the recorded music is turned up higher to compete with the hubbub until the noise becomes unbearable.

Po kilkunastu drinkach każdy czuje się znakomicie i zaczyna tracić zahamowania.

After several drinks, everyone is in high spirits and start to lose their inhibitions.

Czas na wspólne śpiewy!

It's time for the sing along!

Jeśli na przyjęciu są ludzie z różnych krajów, każda grupa zaczyna popisywać się swoimi pieśniami, znanymi również w innych krajach.

If there is a mixture of people from different countries each group starts to show off their internationally well known songs.

Irlandczycy zazwyczaj zaczynają swoją piosenką – „Zabiorę cię do domu, Kathleen", a kończą „Chłopcem o imieniu Danny", znaną jak świat długi i szeroki, z uwagi na jej piękno, smutek, melancholię i czułość.

The Irish people usually begin with "I'll take you home again Kathleen" and end up with "Danny boy" which has a reputation far and near for its beauty, nostalgia, melancholy and tenderness.

Chłopiec o imieniu Danny

O, Danny, chłopcze
kobzy, kobzy wołają
z doliny górskiej do doliny
i w dół, wzdłuż zbocza gór.
Lato już przeszło
i wszystkie róże opadają,
to Ty, to Ty musisz iść,
a ja muszę cierpliwie czekać.

Lecz wróć wtedy,
kiedy lato jest na łące
lub wtedy, kiedy dolina
jest cicha i biała od śniegu.

To ja, która tu będę
w słońcu lub w cieniu

Danny Boy

Oh, Danny Boy,
the pipes, the pipes are calling
from glen to glen
and down the mountain side.
The summer's gone,
and all the roses falling,
it's you, it's you must go,
and I must bide.

But come you back
when summer's in the meadow,
or when the valley's
hushed and white with snow.

It's I'll be here
in sunshine or in shadow

o, Danny, chłopcze,
o, Danny, chłopcze,
kocham Cię tak bardzo.

oh, Danny Boy,
oh, Danny Boy,
I love you so.

Po tym smutnym i wzruszającym kawałku można zaproponować zaśpiewanie czegoś weselszego i lżejszego.

After such a sad and emotional piece, somebody may propose singing something more jolly and light-hearted.

W górę kolana Mamo (Pani) Brown
W górę kolana Mamo (Pani) Brown
w górę, w górę,
Nie martw się,
W górę, hola, Mamo (Pani) Brown!

Knees up Mother Brown
Knees up Mother Brown
Knees up, knees up
Don't get breeze up
Knees up Mother Brown!

Wszyscy Polacy obecni na przyjęciu przyłączają się do radosnego chóru.

All the Polish people present join in with the joyful chorus.

Wykonywane są inne piosenki, lecz szczególnie ta jedna powoduje, że każdy się przyłącza.

Other songs are performed but it is this one that gets everyone to join in.

Jest śpiewana na całym świecie w wielu językach.

It is sung all over the world in many languages.

Refren:
Wytoczmy beczkę
Wytoczmy beczkę pełną radości
Wytoczmy beczkę
Już wytacza się blues
Hop-siup tralala.

Chorus:
Roll out the barrel
We'll have a barrel of fun,
Roll out the barrel,
We've got the blues on the run.
Zing! Boom! Ta – rarrel!

Wytoczmy piosenkę, w której radość gra.
Teraz jest czas, by wytoczyć beczkę
Jest nas tutaj cała gromada!
Itd., itd.

Ring out a song of good cheer.
Now's the time to roll the barrel,
For the gang's all here!
And again and again.

Kolejna piosenka jest tak samo popularna w Polsce, jak w Wielkiej Brytanii.

This song is as popular in Poland as it is in Great Britain.

Bando, bando
spotkania nadszedł już czas
bando, bando
na zawsze złączyłaś nas.
Itd.

Oh band, oh band
our meeting time has arrived
oh band, oh band
you have united us forever.
Etc.

Zazwyczaj jest śpiewana na imprezach rodzinnych, spotkaniach młodych ludzi, jak również przy obozowych ogniskach.

It's usually sung at family gatherings, meetings of young people and is also sung around campfires.

Płyną napoje i alkohole, kanapki znikają z półmisków, uczestnicy przyjęcia spoufalają się ze sobą coraz bardziej.

Drinks and spirits flow, canapes disappear from plates and people become more at ease with each other.

Przyjęcie powoli się kończy.

The party slowly dissolves.

Pierwsi goście zaczynają wychodzić.

The first guests start to leave.

Na twarzach gospodarzy widać zmęczenie.

The faces of the hosts look tired.

Strumyk wychodzących gości zatrzymuje się nagle, bo ich uwagę przykuła grupa obcokrajowców śpiewających piosenki, które są dla nich niezrozumiałe.

The trickle of guests leaving stops suddenly, as their attention is drawn to a group of foreigners singing songs they can't understand.

To są Polacy!

They are Polish people!

„My pierwsza brygada",

"We, the first brigade",

„Rozkwitały pąki białych róż",

"The buds of white roses were blooming",

„Przybyli ułani",

"The uhlans have arrived",

„Na zielonej Ukrainie".

"On the green Ukraina".

Ich repertuar ciągnie się w nieskończoność.

Their repertoire goes on and on.

Gospodarze padają z nóg.

The owners are on their last legs.

Jest jeszcze tyle do zrobienia, kiedy goście pójdą.

There's still so much to do when the guests have gone.

Kiedy ci niewychowani Polacy sobie pójdą?

When will these obnoxious Poles go away?

Śpiew ustaje.

The singing stops.

Teraz dają się słyszeć podniesione głosy.

Now agitated voices can be heard.

Pan domu podchodzi bliżej, żeby uspokoić kłócącą się grupę.

The host walks over to pacify the quarrelling group.

Używają wulgarnego języka!

They are using abusive language!

Jaka radykalna zmiana w ich zachowaniu.

What a drastic change in their behaviour.

To zazwyczaj dobrzy pracownicy, biegli w swoich zawodach.

They are usually good workers, skilled at their trades.

Czy to ci sami ludzie?

Can these be the same people?

Ich gospodarz i pradocawca z trudem ich rozpoznaje.

They are hardly recognisable to the host and their employer.

Przeszli jakąś zmianę osobowości jak Jekyll i Hyde – lub coś w tym rodzaju.

They have undergone a personality change like Jekyl and Hyde – or so.

WESELE

WEDDING

Rano się żenię,
Ding-dong, dzwony zaczną wydzwaniać.
Trzeba wyciągnąć korek,
Zacznijmy się bawić, szaleć,
Lecz wieźcie mnie do kościoła na czas.
(Fragment piosenki ze słynnego musicalu „My fair lady" F. Loewe.)

I'm getting married in the morning,
Ding-dong the bells begin to chime.
Pull out the stopper,
Let's have a whopper,
But get me to the church on time!
(A part of a song from a famous musical
"My fair lady" by F. Loewe.)

Pary, rodziny i inne grupy elegancko ubranych ludzi podchodzą pod kościół, gdzie za chwilę odbędzie się ceremonia ślubna.

Couples, families and other groups of people very smartly dressed approach the church where the wedding ceremony is about to start.

W kreacjach pań widać ostatnie krzyki mody, drogą biżuterię, stylowe buty na wysokich obcasach, a w dodatku obfitość kapeluszy.

The latest fashions are on display in ladies outfits, expensive jewellery, stylish high heel shoes, and, in addition, an abundance of hats.

Ozdobienie głowy kapeluszem jest niemal obowiązkiem.

It is almost compulsory to adorn each head with a hat.

Podczas wylewnych powitań, kiedy panie całują powietrze nad swoimi policzkami, muszą podtrzymywać nakrycia głowy, bo czasami pomiędzy dwoma kapeluszami o szerokich rondach może dojść do kolizji.

During effusive greetings, when the ladies kiss the air above each others cheeks, they have to hold on to their hats, as sometimes the collision between two large brimmed ones can occur.

Po tych znakomicie udawanych serdecznościach następuje wzajemna dyskretna lustracja.

After these formalities a very well-disguised mutual scrutiny begins.

Uśmiech, „Witaj, jak się masz?", „Bardzo dobrze, dziękuję" – odświętnie ubrani ludzie wymieniają grzeczności.

A smile, "Hello, how are you", "All right", "Not bad", "Very well", "Thank you" – all these pleasantries are exchanged between these formally dressed people.

Tłum zaczyna się zagęszczać, w miarę jak przybywają nowi goście.

The crowd begins to swell as the new guests continue to arrive.

Pewne zainteresowanie zaczyna wzbudzać pięciu młodych mężczyzn ubranych w białe koszule i fraki, z popielatymi cylindrami na głowach.

Among them, five young men dressed in white shirts and morning suits with grey top hats on their heads start to create some interest.

Pojawienie się przyjaciół pana młodego oznacza, że wkrótce zjawi się para młoda.

Their appearence as friends of the young groom means that the couple will soon arrive.

A oto i oni!

And here they are!

Jasnobeżowy daimler rocznik 1936 pod-jeżdża do krawężnika i osoby, dla których odbywa się całe to zgromadzenie, wyłaniają się ze środka.

A light beige 1936 Daimler pulls up at the kerb, the subjects of this gathering emerge from within.

Ona jest piękną dziewczyną z welonem na głowie, w eleganckiej białej sukni, w butach, które pasują do stroju i z gustownym bukietem kwiatów w ręku.

She is a beautiful girl with a veil on her head, a smartly designed white dress, matching shoes and a tasteful bouquet in her hand.

Przystojny pan młody w białej koszuli, kwiecistej kamizelce i ciemnym fraku, z kwiatami wpiętymi w butonierkę ukazuje się za nią!

A good looking groom, wearing a white shirt, flowery waistcoat, dark morning suit with a flower in his button hole, appears behind her!

Zgromadzeni goście zostają zaproszeni do środka kościoła.

The assembled guests are invited to go inside the church.

Kościół jest bardzo skromny, bez ozdób i dekoracji.

The church is very modest, with no orna-ments or decorations.

Organista gra jakiś utwór Bacha.

The organist plays some music by Bach.

Każdy siada na miejscu wskazanym przez porządkowych.

Everybody is shown to their seats by the ushers.

Oczekiwanie przedłuża się bez widocznej przyczyny.

The wait is prolonged for no apparent re-ason.

Z pierwszych rzędów kościoła, gdzie siedzi pan młody otoczony swoimi przyjaciółmi, dobiega śmiech, dowcipne uwagi, kawały i chichotanie.

From the first pews where the groom is sitting, surrounded by his friends, laughter, witty remarks, jokes and giggling are heard.

Organista gra pierwsze akordy „Marszu weselnego" Mendelssohna.

The first chords of Mendelssohn's wedding march are played by the organist.

Ceremonia się zaczyna.

The ceremony begins.

Każdy wstaje z miejsca i patrzy w kierunku nawy głównej, gdzie ojciec prowadzi pannę młodą w kierunku ołtarza.

Everybody rises from their seat and turns their eyes in the direction of the main aisle where the bride is being led by her father towards the altar.

Orszak zbliża się do ołtarza, gdzie ojciec symbolicznie oddaje córkę pod opiekę przyszłego męża.

The procession approaches the altar where the father hands over his daughter symbolically into the care of her husband to be.

Teraz następuje kilka słów wprowadzenia, wyjaśnień i uwag księdza utrzymanych w lekkim tonie, co powoduje, że zgromadzeni często wybuchają śmiechem.

Now come some introductory words by the vicar, explanations and remarks made in a very lighthearted manner, making the congregation burst into laughter often.

Po tym wesołym wstępie następuje bardziej poważna i uroczysta część ceremonii.

After this bright introducetion, the more solemn and serious part of the ceremony starts.

Zaczyna się pytaniem księdza, czy jest ktoś, kto zna jakąkolwiek przyczynę, dla której tych dwoje nie powinno być połączonych świętym węzłem małżeńskim.

It begins with the vicar's asking whether there is anybody here who knows of any reason why these two people shouldn't be joined in holy matrimony.

Nie ma nikogo, kto miałby coś przeciwko, toteż ceremonia trwa.

There is nobody who objects, so the ceremony proceeds.

W końcu ksiądz ogłasza ich mężem i żoną.

Finally the vicar pronounces them to be husband and wife.

Teraz śpiewany jest trzeci hymn.

Now the third hymn is sung.

To „Jeruzalem"!

It's "Jerusalem"!

Jeruzalem jest czymś w rodzaju naszego „Nie rzucim ziemi, skąd nasz ród".

Jerusalem is something like our "We won't leave our land where we belong".

Nowo poślubiona para wraz z ojcami, matkami, księdzem i świadkami znika w zakrystii, gdzie urzędnik miejskiego Wydziału Ślubów potwierdza ważność ich ślubu.

The newly married couple, their fathers, mothers, the vicar and witnesses disappear into the sacristry where, with the register from the local Registry office, they confirm the validity of their wedding.

Dla ludzi pozostałych w kościele bardzo utalentowany tenor w średnim wieku śpiewa po włosku piękną arię Pucciniego przy akompaniamencie pianina.

For the congregation a beautiful aria by Puccini is sung in Italian by a very gifted middleaged tenor, accompanied on the piano.

Ślubna ceremonia dobiega końca.

The end of the wedding ceremony approaches.

Po pożegnalnych słowach księdza orszak zaczyna oddalać się od ołtarza.

After the vicar's farewell words a procession starts to walk away from the altar.

Na zewnątrz zaczynają się radosne okrzyki, życzenia, pocałunki, przytulania, śmiechy i chichoty.

Outside, joyes shouts, greetings, kissing, cuddling, laughs and giggling start.

Na głowy nowożeńców rzucane są płatki kwiatów.

Petals are thrown on the heads of the newly married couple.

Dostojni goście zaczynają wsiadać do swoich samochodów, by za autem prowadzącym podążać na miejsce weselnego przyjęcia.

The honourable guests now start getting into their cars, which will be followed by the main car, to the wedding reception.

Wreszcie przybywają na miejsce przeznaczenia.

Finally they arrive at their destination.

Na trawniku przed domem stoi ogromny namiot.

On the lawns of the house stands a large marquee.

Przed namiotem tłum gości zaczyna się ustawiać tak blisko siebie, jak to tylko możliwe, żeby zmieścić się na zdjęciu robionym przez zawodowego fotografa.

In front of this tent a crowd of guests start to group as closely together as possible, to be seen in the picture, which is being taken by a professional photographer.

Po kilku próbach zadanie jest wykonane.

After several attempts the task is done.

Kelnerki krążą pośród gości, oferując zakąski i drinki.

The waitresses are hovering among the guests offering snacks and drinks.

Błahe rozmowy i wybuchy śmiechu przedłużają się, goście cierpią z głodu.

Trivial conversation and bursts of laughter are dragging on, guests are starving.

Wreszcie zaproszono gości do namiotu.

Then the announcement is made, inviting the guests into the marquee.

Ściany i sufit pokryte są białym, lekko lśniącym jedwabiem.

The walls and ceiling are covered with white, slightly shimmering silk.

Każdy wie, gdzie usiąść, bo przy każdym miejscu jest wizytówka z imieniem i nazwiskiem.

Everyone knows where to sit, as at each place there is a written card with a name and surname on it.

Stoły są elegancko zastawione ogromną ilością porcelany, nieskazitelnie lśniącego szkła i sztućców.

The tables are set smartly, with lots of china, immaculate shiny glass and a multitude of cutlery.

Wciąż nie ma jedzenia!

Still no food appears!

Coś drgnęło.

Something stirs.

Mistrz ceremonii uderza młotkiem w drewnianą deszczułkę, prosząc o ciszę.

The master of ceremony bangs with his gavel on the wooden block demanding attention.

Prosi ojca panny młodej o rozpoczęcie ceremonii.

He asks the father of the bride to begin the proceedings.

Ojciec wygłasza mowę.

The father makes a speech.

Przywołuje mnóstwo śmiesznych momentów z przeszłości swojego nowego zięcia, na co goście wybuchają śmiechem.

He recalls plenty of witty moments from his new son-in-laws past life and makes the congregation laugh.

Następnie występuje świadek pana młodego.

Next comes the best man.

Jego mowa ciągnie się i ciągnie!

His speech goes on and on!

Wreszcie kończy.

At last he finishes.

Teraz nowo poślubiona para małżeńska przystępuje do krojenia weselnego tortu.

The newly married couple start to cut the wedding cake now.

Krojenie, żarty, śmiech, i symboliczna scena się kończy.

Cutting, joking, laughing, then this symbolic scene is over.

Teraz nie ma już żadnych przeszkód, by zacząć ucztę.

Now there are no further obstacles to the start of the feast.

Wszystko jest przepyszne i smakuje wspaniale.

Everything is delicious and tastes wonderful.

Wytworne półmiski z różnymi gatunkami mięs są podawane z czerwonym i białym winem.

Sophisticated plates of various meats are served accompanied by red and white wine.

Rozmowy ustały, każdy zajęty jest pochłanianiem.

Conversations are stopped, everybody is busy devouring.

Po kilku daniach przychodzi czas na deser.

After several courses it's dessert time.

Co za wspaniałe połączenie lodów, gala-   *What a delicious mixture of ice-cream, jel-*
retek, owoców, wafli, czekolady i innych   *ly, fruits, wafers, chocolate and other go-*
smakołyków.   *odies.*

Jakie wspaniałe wesele!   *What a beautiful wedding!*

Czyje będzie następne wesele, na które   *Whose wedding will be the next one that*
zostanę zaproszona? – zastanawiam się.   *I'll be invited to, I wonder?*

POGRZEB

Pogrzeby w Zjednoczonym Królestwie mogą być bardzo kosztowne, ale również bardzo tanie.

Pogrzeb może być zaplanowany w najdrobniejszych szczegółach przez osobę, która jeszcze żyje i ma się dobrze.

Im więcej wyobraźni ma osoba, która planuje swój pogrzeb, tym bardziej interesujące może okazać się to wydarzenie.

Kiedy odbywa się pogrzeb bogatej osoby, są na nim tłumy ludzi, masa kwiatów i wieńce z napisami pożegnalnymi, parada odpowiednio ubranych żałobników i kawalkada samochodów.

Ten rodzaj pogrzebów może się zakończyć na dwa sposoby: pochowaniem do ziemi lub kremacją zwłok.

Jeśli nie masz pieniędzy lub nie chcesz ich wydać na pogrzeb, myśląc że byłoby pożyteczniej wydać je na żyjących, skontaktuj się w Wydziałem Zdrowia i Opieki Spolecznej.

Te służące pomocą służby humanitarne mogą rozwiązać twój problem.

FUNERAL

Funerals in the United Kingdom can be expensive and can also be quite cheap.

A funeral can be planned down to the last detail by a person who is still alive and well.

The more imagination the person planning his funeral has the more interesting the event will be.

When the funeral of a rich person takes place there are crowds of people, masses of flowers and wreaths with messages of farewell, a parade of suitably dressed mourners, and a fleet of cars.

This kind of funeral can finish in one of two ways; either a burial (in the ground) or a cremation.

If you have no money or you don't want to spend your money on a funeral, thinking it would be better spent on the ones who are still living, you can contact DHSS (Department of Health and Social Security).

This helpful, humanitarian services will help you sort out the problem.

Zajmą się wszystkim.	They'll take care of everything.
Nie musisz nawet brać udziału w ceremonii.	You won't even need to take part in this ceremony.
Prawdę mówiąc, nie będzie żadnej ceremonii.	In fact, there won't even be a ceremony.
Po prostu tylko kremacja!	Just a cremation!
Ciało zmarłej osoby zostanie spalone, aby ograniczyć koszty.	The body of the deceased will be cremated, to cut down on all expenses.
Przed kremacją organizatorzy zapytają cię uprzejmie, czy pragnąłbyś zachować spopielone szczątki zmarłego.	Before the cremation, the organisers ask you politely if you want to keep the ashes of the deceased.
Niektórzy ludzie życzą sobie, aby ich prochy były rozsypane wokół w pobliskim parku, niektórzy – aby wrzucić je do morza.	Some people want the ashes spread around roses in a nearby park, some people want the ashes scattered at sea.
Niektórzy natomiast chcą przechowywać popioły w urnie, w swoim salonie, na półce nad kominkiem.	Some people want to keep the ashes, in an urn, in their lounge on their mantelpiece.
To im zupełnie nie przeszkadza.	It doesn't disturb them at all.
Życie toczy się dalej!!!	Life goes on!!!

POGRZEB WUJA JOHNA · *UNCLE'S JOHN FUNERAL*

Zmarł wuj John.	*Uncle John has died.*
Miał 78 lat.	*He was 78 years old.*
Był znany z ekscentrycznego zachowania, bardzo angielskiego poczucia humoru, sarkazmu i robienia niewłaściwych uwag.	*He was famous for his eccentric, very English, sense of humour, his sarcasm, and often making inappropriate remarks.*

Rodzina, przyjaciele i znajomi ubóstwiali go za niezwykłość, mimo że czasami nawet oni stawali się przedmiotem jego ironicznych uwag.

Family, friends and acquaintances adored him for being so unusual even though they sometimes become the subject of his ironic remarks.

Krążyła opowieść o jego zachowaniu na pogrzebie ciotki.

There was a famous story told about his behaviour at his great-aunt's funeral.

Kiedy jej ciało zostało złożone do ziemi, odwrócił się do o wiele starszego od siebie wuja i powiedział:

After she had been lowered into the ground he turned to his much older uncle and said:

„Nie widzę przyczyny, dla której miałbyś wracać do domu, w twoim wieku mógłbyś tu już raczej zostać".

"I don't see any reason for you to go home, at your age, you might just as well stay here".

Pomimo tych smutnych okoliczności rozległ się wybuch śmiechu, a jego wuj śmiał się razem ze wszystkimi.

There was a burst of laughter, in spite of the sad circumstances, and the great-uncle was laughing with others.

Jest wcześnie rano – dzień pogrzebu.

It is early morning on the day of the funeral.

Szykujemy się do drogi.

We are getting ready to leave.

Musimy pojechać do Walii.

We have to go to Wales.

Czasu zostało niewiele, a ja jeszcze nie wybrałam stroju na pogrzeb.

There's not much time left, but I have not yet chosen my funeral outfit.

Jeśli włożę coś w kolorach brązu i beżu, mogę nie czuć się swobodnie.

If I put brown and beige colours on, I might feel uncomfortable.

Jeśli włożę czarny strój z czarnymi dodatkami, mogłabym wyglądać interesująco, ale bardziej wdowio niż sama wdowa.

If I put black clothes on with black accessories I might look even more widow – like than the real widow!

Wybieram szare kolory.

I decide to choose everything in grey.

Jest 8.30 rano, a my już jesteśmy na autostradzie M-4.

It's 8.30 in the morning and we are on the M-4 already.

Przestrzegamy przepisów, toteż nie przekraczamy maksymalnej prędkości, która wynosi 70 mil/godzinę (110 km/godz.).

We stick to the motorway rules and don't exceed the speed limit which is 70 miles per hour.

Autostrada robi wrażenie.

The motorway looks impressive.

Trzy dość szerokie pasy z czwartym pasem z każdej strony, który jest utwardzonym poboczem.

There are three quite large lanes with the fourth one on each side called the "hard shoulder".

Pasy są oddzielone od siebie szeregiem małych punktów zwanych kocimi oczyma, które są wbite w nawierzchnię drogi i świecą, kiedy zbliżające się samochody oświetlają je.

The lanes are divided by a row of small points called cat's eyes, embedded in the ground, which shine when cars approach them with their lights.

Trzy pasy i utwardzone pobocze jako czwarte, z każdej strony autostrady są rozdzielone barierą przeciwwypadkową.

The three lanes and the "hard shoulder" on each side of the motorway are divided by a crash barrier.

Utwardzone pobocze jest bardzo ważnym pasem.

The "hard shoulder" – is a very important lane.

W żadnym wypadku nie wolno po nim jechać.

You are not allowed under any circumstances to drive along it.

Cokolwiek się zdarzy na trzech pasach autostrady, utwardzone pobocze musi pozostać przejezdne i wolne od przeszkód.

Whatever happens on the three lanes of the motorway the hard shoulder lane has to stay clear and unblocked.

To jest pas, który może być używany tylko przez pojazdy uprzywilejowane, w celu niesienia pomocy w razie wypadku.

This is the lane which is only used for emergency vehicles to move along side the congested three lanes – to bring help in emergencies.

Pojazdami uprzywilejowanymi są: samochody policyjne, straż pożarna, karetki pogotowia i pomoc drogowa.

The emergency vehicles are: police, fire brigade, ambulance and car accident removal vehicles.

Każdy, kto nie przestrzega przepisów, zostaje ukarany, gdyż kamery obejmują swoim zasięgiem każdy cal autostrad.

Anyone who doesn't stick to the rules will be caught and seen on cameras which cover almost each inch of all motorways.

Zbliżamy się do rzeki Severn, która jest naturalną granicą pomiędzy Anglią i Walią.

We approach the river Severn, which is the natural border between England and Wales.

Aby dostać się na drugą stronę, musimy przejechać wiszący most, który robi wielkie wrażenie.

To get to the other side we have to go over a very long suspension bridge which looks very impressive.

Aby dostać się z Anglii do Walii, płaci się około 5 funtów, ale za drogę powrotną nie ma opłaty.

You pay about £5 to go from England into Wales, but nothing coming back.

Przyjeżdżamy na miejsce przeznaczenia.

We arrive at our destination.

Cmentarz jest usytuowany na dość stromym zboczu.

The cemetery is situated on a quite steep slope.

U jego podnóża znajduje się prosty, stary, mały budynek przypominający kaplicę.

At the bottom there is a very simple, old building, quite small which resembles a chapel.

Przy wejściu dwaj wprowadzający dają nam broszurkę, w której jest wszystko, co będzie mówione i śpiewane podczas uroczystości pogrzebowych.

At the entrance two ushers give us a thin booklet which tells us what will be spoken and sung during the funeral service.

Zajmujemy miejsca w długiej ławce i dyskretnie rozglądamy się dookoła.

We take our place in a long pew, and discretely look around.

Naprzeciw nas znajduje się główna ściana, która dawniej prawdopodobnie była centrum tej kaplicy.

In front of us there is a main wall which long ago, was probably the centre of this chapel.

Ale już nie jest.

But not any more.

Ściana pomalowana jest na biało i nie ma na niej śladu żadnego symbolu religijnego.

The wall is painted white and there's no symbol of any religion.

Wygląda na to, że jest to kaplica ekumeniczna.

It looks as if it is an ecumenical chapel.

Rodzina zmarłego siedzi na podwyższeniu, otaczając trumnę, która została umieszczona na drewnianym podwyższeniu.

The family of the deceased sits on a rostrum, they surround the coffin which has been placed on a trestle.

Są synowie zmarłego ze swoimi rodzinami, ale nie widzimy wdowy.

The sons of the deceased are there with their families, but we don't see the widow.

Mężczyzna, który prowadzi ceremonię, nie wygląda jak ksiądz.

The man who is celebrating the ceremony is not like a priest.

Nie ma klękania, pochylania się, robienia znaków krzyża.

There's no kneeling, bending or making the sign of the cross.

Jest tylko piękna mowa pożegnalna, opowiadająca o życiu zmarłego, przerywana hymnami w języku walijskim śpiewanymi przez zebranych w kaplicy.

There's only a beautiful speech about the life of the deceased, interspersed with hymns sung by the congregation in Welsh.

Mężczyźni śpiewają na dwa głosy piękne hymny, z których jeden, pt. „Stary poszczerbiony krzyż", jest bardzo starym walijskim hymnem.

Their male voices and counter voices sing some beautiful hymns, one of them a very old one called "The Old Ragged Cross" a traditional Welsh hymn.

Po zakończeniu ceremonii w kaplicy goście dzielą się na grupy.

After the ceremony in the chapel is over the guests split into groups.

Oczy wszystkich skierowane są na mistrza ceremonii i najstarszego syna, stojących przy grobie, do którego wkładana jest trumna.

All eyes are turned to the minister and the oldest son who are standing by the grave into which the coffin is lowered.

Słychać sakramentalne słowa „Z prochu powstałeś, w proch się obrócisz" i syn przechodzi wzdłuż szeregu zebranych.

Sacramental words are heard "Ashes to ashes, dust to dust" and the son walks along our line.

Ściska każdą dłoń, każdemu dziękuje za przybycie, lecz na stypę w odległej restauracji zostaje zaproszonych tylko parę osób.

Every hand is shaken, everyone is thanked for coming, but only few of the guests are invite to the wake in a distant restaurant.

Zaczynamy rozglądać się za wdową po zmarłym.

We start to look for the widow of the deceased.

Znajdujemy ją siedzącą na tylnym siedzeniu dużego mercedesa z zaciemnionymi szybami.

We find her sitting on the back seat of a big Mercedes behind darkened glass.

Opuszcza szybę, wita się z nami wylewnie, dziękuje za przybycie, po czym znowu znika w swojej kryjówce.

She winds down the window, greets us effusively, thanks us for coming, and then she disappears back in her shelter.

Nie jest w nastroju, by przyjąć tyle kondolencji, ubolewań i wyrazów współczucia.

She is not in the mood to receive all our condolences regrets and expressions of sorrow.

Chce być sama ze swoim smutkiem.

She wants to be alone with her grief.

Jedziemy w stronę Londynu.

We drive towards London.

Chodzi mi po głowie przyziemne pytanie:

A down to earth question is going round in my head:

Kto następny?

Who's next?

MIEJSCE ZAMIESZKANIA

A PLACE TO LIVE

Najtańszymi i najbardziej popularnymi miejscami zamieszkania Polaków są wynajmowane pokoje.

The cheapest and most popular places to live in London for Polish people are "bedsits" (short for bed/sitting room).

„A bedsit" to dom, gdzie wynajmowane są pokoje, a kuchnia, łazienka i toaleta są do wspólnego użytku.

A "bedsit" is a house where rooms are rented out with a shared kitchen, bathroom and toilet.

Jeśli dom ma pięć pokoi, przeciętna wysokość czynszu za każdy pokój to około 70 lub 80 funtów za tydzień.

If a house has five rooms, the average rent for each room is about £70 or £80 per week.

Za gaz i prąd płaci się osobno.

Gas and electricity are extra costs.

Domy są droższe, a czasami bardzo drogie.

Houses are more expensive and sometimes very highly priced.

Właściciel domu decyduje o wysokości czynszu.

The owner of the house decides the level of the rent.

Wysokość czynszu zależy również od lokalizacji. Im bardziej atrakcyjna lokalizacja, tym wyższy czynsz.

The rental level also varies with the area. The more desirable the area is the higher the rent.

Atrakcyjność miejsca zależy od tego, jak daleko dom jest położony od stacji kolejowej, stacji metra oraz przystanku autobusowego.

Desirability depends on how far away the house is from the railway station, the tube station and the bus stop.

Zanim zostaniesz lokatorem, gospodarz poprosi cię o zadatek, zazwyczaj w wysokości czynszu za jeden miesiąc z góry.

Before you become a tenant the landlord asks you for a deposit which is usually one month's is rent in advance.

Jest to gwarancja w przypadku ewentualnych szkód czy zniszczenia jego własności.

This is a guarantee in case of breakages, or damage to the property.

Musisz kupić w kiosku książeczkę czynszową, aby potwierdzać wpłaty pieniędzy.

You need to purchase a rent book from the newsagent to record your payments.

Zaczniesz mieszkać w otoczeniu obcych ludzi.

You will start living in a house surrounded by strange people.

Kiedy w jednym domu mieszka kilku Polaków, mogą wystąpić różnice poglądów.

When there are several people from Poland living in the same house they may have different points of view.

To może doprowadzić do konfliktu.

This could lead to conflict.

Aby uniknąć starć osobowości, niektórzy właściciele stworzyli regulamin domu.

To avoid personality clashes some of landlords created house rules.

Regulamin musi być przestrzegany, aby każdy lokator był zadowolony.

The rules have to be obeyed to enable everyone to live there happily together.

***

***

Regulamin domu (przykładowy)

House rules (an example)

1. Bądź rozważny!
– Nie wolno hałasować po 10 wieczorem.
   (Większość osób wstaje wcześnie rano).

1. Be considerate!
– No noise after 10 pm.
   (Most people get up early in the morning).

2. Czynsz za mieszkanie jest zbierany co tydzień w dniu wyznaczonym przez właściciela.

2. The rent for the flat is collected each week on a day specified by the landlord.

3. Opłata za nocleg dla gościa wynosi 10 funtów za noc.

3. The fee for a guest is £10 per night.

4. Goście nie mają prawa spać w kuchni.

4. Guests have no right to sleep in the kitchen.

5. Osoba, która zaprasza gościa, jest za niego odpowiedzialna.

5. The person who invites a guest is responsible for him.

6. Jeśli lokator urządza przyjęcie, to jest odpowiedzialny za posprzątanie po nim.

6. If a tenant has a party, he or she is responsible for cleaning up afterwards.

7. Ostatnia osoba, która wychodzi z domu, jest odpowiedzialna za zamknięcie wszystkich okien, zakręcenie gazu oraz za zamknięcie obu drzwi, frontowych i tylnych.

7. The last person who leaves the house is responsible for closing all the windows, switching off the gas and for locking both doors, front and back.

8. Rachunki za gaz należy uregulować w ciągu tygodnia od daty przysłania rachunku.

8. Gas bills must be paid within a week of the date on the bill.

9. Utrzymuj toaletę w czystości.

9. Keep the toilet clean.

10. Koszt zakupów na potrzeby domu jest dzielony równo między lokatorów.

10. The cost of household goods is divided equally between the tenants.

Wspólne wydatki na domowe potrzeby to:
– worki do odkurzacza,
– płyn do mycia naczyń,
– papier toaletowy,
– środki czystości.

Communal household goods are:
– hoover bags,
– washing up liquid,
– toilet paper,
– cleaning materials.

11. Data twojego sprzątania będzie zaznaczona w kalendarzu.

11. When you are detailed for cleaning duties, the day will be specified on the calendar.

12.Niechlujne osoby nie będą w tym domu tolerowane.

12. Untidy people will not be tolerated.

13. Narkotyki są niedozwolone.

13. Drugs are not allowed.

14. Nie zostawiaj swoich rzeczy na korytarzu.

14. Don't leave your belongings in the hallway.

15. Nie wolno handlować kradzionymi rzeczami.

15. It is illegal to deal in stolen goods.

16. Jedz tylko swoją żywność.

16. Only use your own food.

17. Zniszczone wyposażenie domu trzeba wymienić, w przeciwnym razie jego koszt zostanie odjęty od twojego zadatku lub dodany do czynszu.

17. Damaged equipment must be replaced, otherwise the replacement costs will be taken from your deposit money or added to your rent.

18. Jeśli nie spełnisz tych warunków, będziesz musiał się wyprowadzić.

18. If you do not fullfil these conditions you will be asked to leave.

19. Wakacje lub krótkie urlopy.
Płacisz pełną kwotę czynszu za pierwszy tydzień, za następny połowę.

19. Holiday or breaks.
You pay the full rent for the first week, then for the next you pay half the normal rent.

Uwaga!
Sprawdź kolejność dyżurów, żeby mieć pewność, kiedy przypada twoja kolej.

Please note!
Check the duty rota to be sure when it is your turn.

Sprzątanie całego domu obejmuje:

Cleaning the whole house consists of:

1. Odkurzanie całego domu z wyjątkiem prywatnych pokoi.

1. Hoovering all the house excluding private rooms.

2. Umycie lodówki (spleśniałe jedzenie należy wyrzucić!).

2. Cleaning the fridge (rotten food will be thrown out!).

3. Umycie kuchenki gazowej.

4. Umycie mikrofalówki.

5. Umycie zlewozmywaka, szafek, stołu i blatów kuchennych.

6. Umycie podłogi w kuchni.

7. Umycie umywalki, wanny, lustra, muszli klozetowej, a także sedesu.

Zawsze dokładnie zakręcaj kurki, aby zapobiegać kapaniu wody.

Proszę o szanowanie cudzej pracy oraz sprzętów domowych.

Dziękuję.

Twój gospodarz/gospodyni

***

Nie ma regulaminu, który obejmowałby wszystkie aspekty życia.

Nawet właściciel z najbardziej bujną wyobraźnią nie mógłby sobie wyobrazić, że kuchnia staje się czasem salonem fryzjerskim!

Zdarza się mycie włosów, wcieranie odżywki, golenie, obcinanie włosów, czasami dla przyjemności, czasami dla pieniędzy.

Może to być uciążliwe dla innych lokatorów, chcących przygotować posiłek.

3. Cleaning the cooker.

4. Cleaning the microwave.

5. Cleaning the sink, the cupboards, the table and the kitchen surfaces.

6. Washing the kitchen floor.

7. Cleaning the handbasin, the bath, the mirror, the toilet bowl and also the seat.

Always turn off the taps fully, to prevent them from dripping.

Please respect other people's work and the house equipment.

Thank you!

Your landlord/landlady

***

No house rules can cover all possibilities.

Even a landlord with a vivid imagination could never imagine that the kitchen sometimes becomes a hair salon!

Someone will be shampooing, conditioning, shaving, cutting their hair, sometimes for sheer pleasure, sometimes to earn money.

This can become a real nuisance to other tenants who may be trying to prepare a meal.

Upewnij się, że klucz (lub karta), które umożliwiają dopływ elektryczności do domu, jest naładowany, ponieważ jeśli się wyczerpie, lodówka przestanie pracować i cała żywność się popsuje.

Make sure that the key or card which supplies electricity to the house is charged, because if it runs out, the fridge won't work and all the food will go rotten.

Właściciel domu nie wspomina również w regulaminie, że toaleta i łazienka rano powinny być używane w sposób oszczędny.

The landlord doesn't mention in his house rules that the toilet and the bathroom should be used in an economical way in the morning.

Ogranicz czas spędzany w łazience do 10 minut, ponieważ w czasie tej porannej gonitwy każdy spieszy się do pracy.

Limit yourself to 10 minutes at most, because in the rush hour everybody is in a hurry to get to work.

Umywalki w angielskich domach mają osobne krany na gorącą i zimną wodę.

The sinks in English houses have separate taps for hot and cold water.

Mycie rąk w tych warunkach jest bardzo utrudnione, ponieważ woda jest albo zbyt zimna, albo zbyt gorąca.

But washing your hands in the bathroom sink under running water is impossible, because the water is always either too hot or too cold.

Próbujesz zrobić z dłoni pojemnik, ale woda wycieka z nich, zanim zdąży się wymieszać.

You try to cup you hands to make a container, but the water inevitably runs out before it has had time to mix.

Angielskie łazienki zawsze mają wyłączniki światła albo na zewnątrz łazienki, albo musisz pociągnąć za sznurek wiszący z sufitu.

English bathrooms always have their light switch either outside the room or hanging from the ceiling on a cord, which you have to pull.

Prawo budowlane zabrania instalowania wyłączników i gniazdek elektrycznych w łazienkach ze względów bezpieczeństwa.

Building law prohibits the installation of a light switch or electrical socket in bathrooms for safety reasons.

Wkładaj śmieci do przeznaczonych to tego celu koszy.

Put all rubbish in the bins provided.

Opróżniaj kosze, kiedy są pełne, i wyrzucaj śmieci do śmietników, które są opróżniane raz na tydzień przez służby porządkowe.

Empty them when full into the dustbin, to be collected each week by your local council.

To jest twój dom, twój dach nad głową.

This is your home, the roof over your head.

Dbaj o to miejsce, staraj się, żeby było czyste i przyjemne.

Take care of it, try to keep it clean and cheerful.

To jest miejsce, którego teraz potrzebujesz.

You need this place for now.

Później, kiedy twoja sytuacja finansowa się poprawi, będziesz mógł się wprowadzić do lepszego mieszkania.

Later on when your financial circumstances improve, you can move into better accommodation.

Jeśli ci się poszczęści, będziesz mógł pozwolić sobie na swoje własne mieszkanie.

If you are lucky, you will be able to afford a flat of your own.

TRANSPORT

TRANSPORT

Kiedy wprowadzono opłatę za wjazd do centrum Londynu, przestały tworzyć się ogromne korki uliczne.

Central London's road stopped consisting of one large traffic jam when the congestion charge was introduced.

Jeśli chcesz wjechać w strefę opłat od poniedziałku do piątku od godz. 7.00 do 18.30, musisz zapłacić 8 funtów.

If you go into congestion charge zone Monday–Friday from 7.00 a.m. – 6.30 p.m. you have to pay £8.

Roboty drogowe, wypadki, pasy ruchu dla autobusów oraz objazdy – wszystko to razem powoduje frustrację kierowców.

Road works, accidents, bus lanes and diversions all combine to create frustration for London's drivers.

Radzę ci, abyś unikał centrum Londynu, jeżeli prowadzisz samochód.

My advice is to avoid central London completely if you are a car driver.

Nie tylko z powodu opłaty za wjazd, ale także z powodu wysokich kosztów parkowania korzystanie z transportu miejskiego jest dużo tańszym rozwiązaniem.

Not only the congestion charge but also the high cost of parking make public transport a much cheaper option.

Przede wszystkim, jeśli zamierzasz prowadzić samochód w Zjednoczonym Królestwie, spraw sobie kodeks drogowy.

Above all – buy a copy of the Highway Code if you intend to drive a car in the UK.

Studiuj go tak długo, dopóki nie zapoznasz się ze wszystkimi aspektami ruchu drogowego.

Study it until you are familiar with every aspect of the road system.

AUTOBUSY

BUSES

Autobusy jednopokładowe zazwyczaj mają 40 lub więcej miejsc.

Single-decker buses usually have seats for 40 or more passengers.

Autobusy piętrowe, które są w Wielkiej Brytanii powszechne, mogą pomieścić drugie tyle pasażerów.

Double-decker buses, which are common in the UK, can seat nearly twice that number.

Miejsc siedzących jest 63 lub 62 plus 1 miejsce dla użytkownika wózka inwalidzkiego.

Seating 63 or 62 plus 1 wheelchair user.

Pokład górny	43 miejsca
Pokład dolny	20 miejsc
Stojących	20 miejsc

Upper deck	43
Lower deck	20
Standing	20

Autobusy miejskie, przeznaczone do krótkich podróży, zazwyczaj mają niewiele wygód.

City buses intended mainly for short journeys usually have few comforts.

Do dalekich podróży, używane są autobusy z tapicerowanymi siedzeniami, klimatyzacją i toaletami.

For long-distance travel coaches with well-upholstered seats, air conditioning, and toilets are generally used.

Napisy wewnątrz autobusów

Signs inside the buses

Pasażerom nie wolno stać poza tym punktem.

No standing passengers beyond this point.

(Jeśli stoisz przed tą informacją, to zasłaniasz kierowcy widok, jaki ma z lusterka po lewej stronie autobusu, tak że nie widzi, co jest między autobusem a krawężnikiem – miejsce przy przedniej szybie oraz część przejścia od drzwi aż do końca kabiny kierowcy muszą być puste).

(If you stand forward of his sign you obstruct the driver's view of his near side mirror so he can't see if there is anything between the bus and the kerb).

Autobus jest monitorowany systemem kamer CCTV.
CCTV – telewizja przemysłowa

CCTV is fitted in this bus and is in constant use.
C – Close
C – Circuit
TV – Television

Dowód utrwalony na taśmie posłuży do oskarżenia osoby, która dokonała przestępstwa, kradzieży lub aktu wandalizmu.

Photographic evidence will be used to prosecute anyone involved in an assault, theft or vandalism.

Kamery pomagają uczynić nasze otoczenie bezpieczniejszym dla pasażerów i załogi.

CCTV is helping us to deliver a safer environment for customers and staff.

Firma: London United

London United

Tutaj pierwszeństwo mają użytkownicy wózków inwalidzkich. Prosimy o ustawienie wózka tyłem do oparcia siedzenia składanego i założenie hamulców.

Priority wheelchair area. Please position back of the wheelchair against the backrest and apply brakes.

Wózki dziecięce:
Czasami możesz zostać poproszony o złożenie wózka. Postępuj zgodnie ze wskazówkami kierowcy.

Baby buggies:
At time you may need to fold them. Please follow the driver's instruction.

Miejsca dla osób uprzywilejowanych.

Priority seats.

Prosimy o ustąpienie miejsca bardziej potrzebującym.

Please offer your seat to those less able to stand.

Prosimy o dotknięcie karty do żółtego czytnika.

Please touch your Oyster card on the yellow reader.

Dla twojego bezpieczeństwa!
Prosimy nie stać na górnym pokładzie i na schodach.

For your safety!
Please do not stand on the upper deck or stairs.

Podczas jazdy autobusu pasażerom nie wolno:
– rozmawiać z kierowcą lub rozpraszać jego uwagi bez ważnej przyczyny,
– stać twarzą do tej informacji,
– zostawiać bagażu w przejściu.

While the vehicle is moving passengers must not:
– speak to or distract the driver without good cause,
– stand forward of the notice,
– leave baggage in the gangway.

Informacje na przystankach autobusowych

Information on bus stops

Przepraszamy, rozkład jazdy autobusów nie jest w tej chwili dostępny.

We're sorry if the timetable you require is not displayed here at the present time.

Informacje o londyńskich służbach transportowych dostępne są całą dobę pod numerem telefonu 020 7222 1234.

Travel information for all London Transport is available by calling 020 7222 1234 anytime day or night.

Dzwoniąc do nas, zgłaszaj brakujące rozkłady jazdy.

When making your call it helps us if you would report any missing timetables.

Zostaną one uzupełnione tak szybko, jak to tylko możliwe.

They will be replaced as soon as possible.

Londyński Transport Autobusowy

London Transport Buses

Porzucone, nienależące do nikogo pakunki traktuj podejrzliwie:
– nie lekceważ ich,
– nie dotykaj,
– natychmiast zaalarmuj odpowiednie służby albo policjanta.

Treat abandoned bags with suspicion:

– don't ignore them,
– don't touch them,
– alert staff or a police officer immediately.

Przystanek nieużywany

Bus stop not in use

Mapa autobusowa twojego rejonu

Your local bus map

Autobusy do Brendford odjeżdżają co 20 minut.

Buses to Brendford run every 20 minutes.

Czas oczekiwania na autobusy na przystankach jest teraz krótszy.

Waiting time at bus stops is now shorter.

Odliczanie – przyjedzie co do minuty.
(Countdown – jest to zegar, który podaje informację.
Jest on przymocowany do dachu wiaty na przystanku autobusowym.
Zegar wyświetla, jak długo będziesz czekał do przyjazdu następnego autobusu).

Countdown – up to the minute.
Countdown – is a clock, which gives you information.
It is fixed to the inside of the roof in the bus shelter.
Countdown means how long you will have to wait until the next bus comes).

Informacje na pasach tylko dla autobusów

Information on bus lanes

Zabrania się jazdy po pasie dla autobusów, z wyjątkiem pojazdów, które załadowują lub rozładowują towar.

Motor vehicles banned from bus lane except for loading and unloading.

Obecnie używany jest nowy pas autobusowy.

New bus lane in operation.

Udziel pierwszeństwa autobusowi.

Please give way to the bus.

Kamery rejestrujące ruch na pasie autobusowym.

Bus lane cameras.

Kara za jazdę pasem dla autobusów wynosi 100 funtów.

Keep out of bus lanes £100.

Zatrzymywanie dozwolone jest tylko dla autobusów.

No stopping at any time except buses.

Napisy na autobusach

Information on the outside of buses

Unikaj wypadków

Steer clear of accidents

Nauka jazdy

Driver under instruction

Idź do przodu	Go ahead
Miejsca pracy dla kierowców autobusów	Bus driver vacancies
Twoja dzielnica, twój autobus	Your borough, your bus
Kierowca musi wyłączyć silnik na postoju	Driver must switch off engines on stand
Kingston–Heathrow połączenia autobusowe całodobowe	Kingston–Heathrow 24 hour link

AUTOBUS

Autobus jedzie w kierunku Richmond.

Jest około 10.00 rano.

To czas, kiedy ludzie po sześćdziesiątce mogą korzystać z „legitymacji uprawniających do darmowych przejazdów", co oznacza, że mogą za darmo podróżować dowolnym londyńskim środkiem transportu (od godz. 10.00 do północy).

Ta legitymacja to mała czerwona książeczka z zaświadczeniem i zdjęciem w środku.

Po wejściu do autobusu zbliżasz się do kierowcy, który daje ci sygnał potwierdzający, że twój dokument został zaaprobowany.

Kiedy wybija magiczna godzina 10.00, autobusy zapełniają się starszymi osobami.

Na każdym przystanku autobusowym zawsze czekają ludzie.

Dają kierowcy znaki, aby się zatrzymał.

BUS

A bus goes in the direction of Richmond.

It is about 10 o'clock in the morning.

This is the time when people over 60 can use their freedom passes, which means they have the freedom to travel on any kind of London transport they wish for free of charge (from 10.00 a.m. to midnight).

A freedom pass is a small red book with a small certificate and a photo inside.

When you enter the bus, you approach the driver who gives you a sign, conforming that your identification is approved.

When this magic hour of 10.00 strikes, the buses are flooded with older people.

At each bus stop, there are always people waiting.

They signal to the driver to stop.

Zbliżywszy się do krawężnika, kierowca zatrzymuje autobus i otwiera frontowe drzwi.

When the driver pulls up at the curb he stops and opens the front door.

Ludzie wchodzą, nigdy się nie spieszą, zawsze są uśmiechnięci.

They enter, never in a hurry and always smiling.

Nigdy nie są obładowani torbami, nigdy nie niosą żadnych bagaży.

They are never loaded with bags, they never carry any luggage.

Panie mają małe torebki, mężczyźni zazwyczaj laski lub parasole.

The ladies are equipped with small handbags, the men usually have their sticks or umbrellas.

Kiedy tylko znajdą się w środku, rozglądają się za kimś, z kim można porozmawiać.

Once inside they look around for someone to talk to.

Jeśli mają szczęście spotkać kogoś, kto ma podobne zainteresowania, zaczyna się rozmowa.

If by any chance they meet somebody who has similar interests a conversation starts.

Rozmowa o wszystkim i o niczym.

The conversation is about anything and everything.

Rozmawiają o sztuczkach, jakie znają ich psy, o przyzwyczajeniach ich kotów, o diecie swoich kanarków i o zachowaniu ulubionych zwierząt domowych.

They talk about their dog's tricks, their cat's habits, their canary's diet, and their pet's behaviour.

Nad nimi unosi się miły, świeży zapach.

Around them all a nice, fresh fragrance is in the air.

Panie są zazwyczaj ubrane w jasne kolory.

The ladies are usually dressed in bright colours.

Autobus zatrzymuje się.

The bus stops.

Do środka wsiada pani w podeszłym wieku.	*A very elderly lady enters.*
Uśmiecha się grzecznie do kierowcy, po czym otwiera małą torebkę i zaczyna szukać legitymacji.	*She smiles politely at the driver, then opens her small handbag and starts looking for her freedom pass.*
Nie widzi dokładnie zawartości torebki, toteż postanawia założyć okulary.	*She can't see the contents of the bag properly, so she decides to use her glasses to help her to look for them.*
Zapomniała, gdzie je włożyła.	*She has forgotten where she put them.*
Dotyka kieszeni żakietu najpierw po lewej, potem prawej stronie.	*She pats her jacket pockets, first the left one and then the right.*
Znajduje je.	*She finds them.*
„Przepraszam, mój drogi" – mówi grzecznie i przepraszająco do kierowcy, uśmiechając się do niego.	*"Sorry, dear" – she says politely and apologetically to the driver and smiles at him.*
Kierowca również się uśmiecha.	*The driver smiles back.*
Po chwili szperania w torebce pani znajduje nareszcie swoją legitymację.	*After several moments of rummaging through her handbag at last she finds her freedom pass.*
Uśmiecha się do kierowcy triumfująco, dotyka czytnika, zwanego ostrygą, który wydaje aprobujący dźwięk.	*She smiles at him triumphantly, touches the Oyster which gives an approving sound.*
Siada na swoim miejscu i przyłącza się do dyskusji o zwierzętach domowych.	*She sits down on the seat and joins the discussion about pets.*

Gdy ktoś zbliża się do przystanku, na którym chce wysiąść, naciska jeden z guzików, które znajdują się w pobliżu każdego siedzenia.

When somebody approaches the bus stop where he or she wants to get off they press one of the buttons which are found near each seat.

Autobus staje.

The bus stops.

Niektórzy z wysiadających zwracają się w stronę kierowcy i mówią grzecznie: „Dziękuję", po czym wysiadają.

Some of the people getting off turn towards the driver and say politely: "Thank you, driver" – as they get off.

Teraz ci starsi ludzie zmierzają do celu ich podróży, może na ranne spotkanie przy kawie lub kilkugodzinny pobyt w domu dziennego pobytu.

Now these old people head to their destinations, maybe coffee mornings or staying for some hours in the day centre.

Przed nimi cały długi dzień.

A whole, long day is in front of them!

Lepiej spędzić go przyjemnie w towarzystwie innych ludzi, niż przebywać samemu w mieszkaniu czy domu, czekając na coraz rzadsze telefony od dzieci, które mieszkają daleko.

Better to spend it pleasantly in other people's company, than to stay alone in their own flats or houses, while waiting for the phonecalls, which become rarer, from their children.

TYPY POJAZDÓW W ZJEDNOCZONYM KRÓLESTWIE

ROAD VEHICLES IN THE UNITED KINGDOM

Samochody:
a) samochody osobowe,
b) samochody dwudrzwiowe,
c) samochody typu combi,
d) samochody sportowe dwuosobowe,
e) limuzyny 5-drzwiowe,
f) samochody terenowe.

Cars:
a) passenger cars,
b) coupe cars,
c) estate cars,
d) sport cars,
e) five door saloon,
f) all-terrain sports vehicles.

Minibusy:
a) osobowe,
b) dostosowane do przewozu wózków inwalidzkich,
c) osobowo-bagażowe,
d) karetki pogotowia.

Minibuses:
a) people carriers,
b) vans converted into wheelchair carriers,
c) vans converted,
d) ambulances.

Samochody dostawcze:
a) chłodnie,
b) o wydłużonym nadwoziu,
c) furgony,
d) opancerzone do przewozu pieniędzy,
e) do przewozu ubrań (podwyższone).

Delivery vans:
a) refrigerator-freezer,
b) long wheel base,
c) panels,
d) security,
e) dress.

Samochody ciężarowe o ładowności 7–40 ton:
a) śmieciarki,
b) chłodnie,
c) ciężarówki skrzyniowe,
d) przegubowce,
e) wywrotki,

Trucks which go from 7–40 tonnes to carry weight:
a) rubbish trucks,
b) refrigerator trucks,
c) drop side trucks,
d) articulated trucks,
e) tipper trucks,

f) wozy asenizacyjne,

g) cysterny.

f) drain cleaning trucks,

g) chemical tankers.

Autobusy i autokary.

Buses and coaches.

Napisy na pojazdach drogowych

Information written on vehicles using the roads

W tym samochodzie nie pozostawiono na noc nic wartościowego

Nothing of any value is left in this vehicle overnight

Karetka pogotowia. Nauka jazdy

Ambulance. Driver training units

Moje zakupy dostarcza Tesco

My shopping delivered by Tesco

Naprawa skuterów z przyjazdem do klienta

Mobile scooter services

Patrol strzegący nieparkowania na czerwonej linii

Red Route Patrol

(Wzdłuż krawężnika jezdni biegną dwie ciągłe czerwone linie.

(There are two continous red lines in the gutter or at the side of the road)

Patrole sprawdzają, czy na czerwonych liniach nie stoją jakieś pojazdy, a jeśli tak, to są natychmiast odholowywane. Linie są po to, aby wąskie drogi mogły być przejezdne.

Red Route Patrols – they patrol the red routes looking for stopped vehicles and get them towed away. It's to keep narrow roads absolutely free.

Kara za to przekroczenie i odholowanie wynosi 250 funtów).

The fine and towing charges come to about £250).

Policja Miejska.

Municipal Police

Czy dobrze prowadzę samochód?

Well driven?

Pies jest na całe życie, nie tylko na święta Bożego Narodzenia!

A dog is for life – not just for Christmas!

Pojazd władz miejskich

Municipal vehicle

Moim drugim samochodem jest autobus

My other car is a bus

Przenośne ubikacje do wynajęcia	Hire-a-loo
Nieposłuszna osoba w aucie	Naughty person on board
Dziecko w samochodzie	Child on board
Wywóz śmieci	Rubbish clearance
Żywność wysokiej jakości	Quality food
Konserwacja i naprawa ogrzewania	Heating Services
Państwowa Służba Zdrowia	NHS: National Health Service
Auto na czysty, naturalny gaz	Powered by clean natural gas
Ekspresowe dostarczanie papieru do druku	Express delivery of paper for print
Wypożyczanie samochodów dostawczych	Van hire
Iceland – mrożonki z bezpłatną dostawą do domu	Iceland – free home delivery
Konserwacja i obsługa oświetlenia miasta	Public lighting maintenance
Człowiek i van	A man and a van
Konkurencyjne ceny! Przyjazne i rzetelne usługi, dzwoń...	Competitive rates! For friendly and reliable service call...
Sprzątanie Kingston	Cleaning Kingston
Ty kupujesz, my przywozimy	You shop we drop
Życzliwy Australijczyk + van Przeprowadzki – tanio – całą dobę. Brian 020 8...	Friendly Aussie man + van Removals – Cheap – 24 hours. Brian 020 8...

Vany do przeprowadzek
30 funtów na godzinę – 2 pracowników
20 funtów na godzinę – 1 pracownik
Kalkulacja za darmo

Removals vans
£30 p.h. – 2 men
£20 p.h. – 1 man
Free estimates

Firma taksówkowa z Wimbledonu poszukuje kierowców z własnymi samochodami.
Nie wozimy do pubów i klubów.
Możliwe szkolenie.
Wiek nieistotny.
Gwarantowany zarobek 1000 funtów.
Poszukujemy także kontrolerów, wszystkim kandydatom zapewniamy całkowitą dyskrecję.
Tel. 020 8...

Owner drivers required for Wimbledon based mini-cab company.
No pub or club work.
Training available if required.
No age limit.
£1,000 guarantee available.
Controllers also required, all applications treated in the strictest confidence.
Tel. 020 8...

Dostarczanie mleka do domu

Home delivery service (milk)

Poszukujemy kierowcy na pół etatu:
– wiek ponad 25 lat,
– bezwypadkowe prawo jazdy,
– znajomość okolicy.

Part time delivery driver needed:
– must be over 25 yrs,
– clean driving licence,
– knowledge of local and surrounding areas.

Bliższe szczegóły uzyskasz u Nigela...

For more details contact Nigel...

Piłeś – nie jedź!

Don't drink and drive!

Żywność, której możesz zaufać, firma Iceland, Wielka Brytania

Food you can trust Iceland UK

Okna w przystępnej cenie

Affordable windows

Proszę, zrób miejsce na mój wózek inwalidzki

Please have room for my wheelchair

Nie parkować w obrębie 3 metrów

Please do not park within 3 metres

Wyjście awaryjne

Emergency door

Konserwacja, utrzymanie autostrady	Motorway maintenance
Całodobowa pomoc drogowa.	24 hour vehicle rescue.

Informacje na znakach drogowych   Information on the road signs

Kierowco, uwaga – niskie drzewo! (Jest to znak drogowy stawiany przed drzewami, ostrzegający kierowców prowadzących wysokie pojazdy o niebezpieczeństwie zahaczenia o niskie gałęzie).

Low tree – bus driver beware! (It is a road sign put before trees, warning driver of high vehicles about the danger of low branches).

Ostrożnie! Autobusy!	Caution! Buses emerging.
Objazd dla autobusów	Buses diversion
Ścieżka dla pieszych	Public foot path
Zmiana kierunku ruchu	Diverted traffic
Nierówności na długości 520 jardów	Humps for 520 yards
Zakaz zatrzymywania się autokarów i wysadzania oraz zabierania pasażerów	No coaches to drop off or pick up passengers
Tylko dla upoważnionych pojazdów	Authorised vehicles only
Ustąp pierwszeństwa	Give way
Maksymalna szybkość 50 mil	Max. speed 50 miles
Zakaz ruchu dla ciężkich pojazdów H – ciężki G – towary V – pojazdy	Unsuitable for HGVs H – heavy G – goods V – vehicles
Zakaz przechodzenia przez jezdnię	Do not cross here
Uwaga! Pojazdy przed tobą skręcają	Caution! Vehicles turning ahead

Nowe przejście dla pieszych	New zebra crossing
Strefa dla pieszych – zakaz ruchu samochodów	Pedestrian zone – no vehicles
Starsi ludzie	Elderly people
Ślepa uliczka (zaułek)	No through road
Możliwość tworzenia się korków	Queues likely
Uwaga! Droga wspólna dla autobusów i rowerów!	Caution! Buses and cycles merge!
Nie porzucaj swojego samochodu i nie ryzykuj zapłacenia grzywny	Don't dump your car and risk a fine
Nieprawidłowo zaparkowane samochody mogą zostać odholowane	Illegally-parked vehicles may be towed away
Niewłaściwe (niebezpieczne) pochylenie drogi	Adverse camber
Ograniczenie wysokości	Height restriction
Trzymaj się swojego pasa ruchu	Get in lane
Piesi! Prosimy nacisnąć przycisk i poczekać na sygnał	Pedestrians! Push button and wait for signal
Czerwona linia! Nie tarasować drogi	Red route! Clearway
Zatrzymaj się na światłach.	Stop when lights show.
Patrz w prawo! Koniec ścieżki rowerowej.	Look right! End of cycle route.

Rowerzysto, zsiądź z roweru.	Cyclists dismount.
Jedź powoli!	Drive slowly!
Zakaz postoju wszelkich pojazdów z wyjątkiem rozładowujących towar	No public service vehicles except for loading
Zwolnij! Szybkość zabija!	Kill your speed! Speed kills!
Zmniejsz prędkość	Reduce speed now
Strefa ograniczenia prędkości	Speed limit zone
Zakaz zatrzymywania się	No stopping at any time
Roboty drogowe	Road works ahead

Rady dla bezpiecznego użytkownika dróg

Advice on how to be a safe road user

Trzymaj się lewej strony drogi.

Keep to the left hand side of the road.

Na rondach pojazdy z prawej strony mają pierwszeństwo.

At roundabouts the traffic coming from the right has priority.

Trzymaj się z dala od pasów dla autobusów, które są wyraźnie zaznaczone, ponieważ są one monitorowane przez kamery.

Keep out of bus lanes which are clearly marked because there are cameras on the bus lanes.

Autobusy również są zaopatrzone w kamery, aby rejestrować pojazdy, które łamią przepisy.

Buses also have cameras to take pictures of offending vehicles.

Każdy, kto jechał pasem dla autobusów, otrzyma list ze zdjęciem swojej tablicy rejestracyjnej oraz nakazem zapłaty grzywny 100 funtów w ciągu siedmiu dni.

Anyone entering a bus lane illegally will receive a letter in the post with a photo of their registration number and a fine for £100, to be paid within seven days.

Jeśli nie zapłacisz w ciągu siedmiu dni, otrzymasz z sądu następny list i wtedy kara finansowa jest podwójna plus koszty sądowe.

If you don't pay within seven days, the court sends a second letter. The fine is doubled, and court costs are added.

Wszystko razem może wzrosnąć aż do 250 funtów w zależności od uznania sądu.

All together it could go up to £250 at the magistrates discretion.

Kiedy chcesz wjechać w wąską drogę, upewnij się, że masz wolny przejazd.

When you want to drive into a narrow space, make sure your exit is clear.

Jeśli nie, czekaj cierpliwie, aż droga będzie wolna.

If it's not, wait patiently until it is clear to proceed.

Nie zmieniaj gwałtownie pasów. To niebezpieczne!

Don't jump lanes. It's dangerous!

Piłeś – nie jedź, ponieważ kary w Zjednoczonym Królestwie są wysokie:
a) mandat od 500 funtów w górę,
b) zakaz prowadzenia samochodu na co najmniej 2 lata.

Don't drink and drive, because the U.K. penalties are severe:
a) a fine from £500 upwards,
b) banned from driving for at least two years.

Kiedy ktoś próbuje włączyć się do ruchu na zatłoczonej drodze i dostać się na twój pas, zatrzymaj się i przepuść go.

In heavy traffic, when somebody is trying to join the main road and get into your lane, stop and allow the vehicle out.

Utrudnianie ruchu pojazdu jadącego do wypadku jest niezgodne z prawem i może być ukarane wysoką grzywną.

To obstruct an emergency vehicle is against the law and could result in a heavy fine.

Nie włączaj radia na cały regulator, ponieważ nie usłyszysz syreny pojazdu jadącego do wypadku.

Don't have your radio at full volume because you won't hear the siren of any emergency vehicle behind you.

Okaż uprzejmość innym użytkownikom drogi.

Show courtesy to the other road users.

Jeśli cię przepuszczą, zatrzymując się, abyś mógł przejechać, uczyń przyjazny gest ręką na znak podziękowania.

If they let you out, by stopping specially, you can thank them with a polite wave.

Telefony komórkowe i kierowanie pojazdem

Mobiles and motoring

To wspaniałe, że możemy używać telefonów komórkowych prawie wszędzie – z wyjątkiem sytuacji, kiedy prowadzimy samochód.

The great thing about mobile phones is that we can use them almost anywhere – except when driving.

Podczas kierowania samochodem zabrania się używania telefonu komórkowego. Można zapłacić mandat w wysokości 30 funtów.

It is illegal to use a hand – held mobile phone when driving you could be fined £30.

Jedynym wyjątkiem od tej reguły jest potrzeba zadzwonienia po pomoc w nagłym wypadku pod numer 999.

The only exception to the rule is when you need to call the emergency services on 999.

Możesz być również ukarany za używanie zestawu głośnomówiącego, jeśli nie jesteś w stanie należycie panować nad swoim samochodem.

You can also be prosecuted for using a hands free mobile phone if you fail to have proper control of your vehicle.

Jeśli prowadzisz samochód nieostrożnie lub niebezpiecznie, rozmawiając przez telefon komórkowy, grożą za to następujące kary: utrata prawa jazdy i kara więzienia do dwóch lat.

If you drive carelessly or dangerously when using your phone the penalties can include a large fine, disqualification and up to two years imprisonment.

Jeśli nie zapłaciłeś podatku drogowego za swój pojazd, policja ma prawo go skonfiskować i oddać na złom.

If your vehicle does not have a road fund licence, the police can confiscate it and have it crushed for scrap.

Zawsze opłacaj podatek za swój samochód.

Always have your motor vehicle taxed.

W przeciwnym razie zapłacisz karę.

Otherwise there is a fine to pay.

Wysokość kary zależy od decyzji sądu.   The amount of the fine is decided in court.

Kilka pożytecznych wyrażeń używanych przez kierowców i instruktorów nauki jazdy
Some useful expressions used by drivers and instructors from a driving school

– Włącz silnik   – Start the engine

– Wyłącz silnik   – Turn off the engine

– Włącz lewy migacz   – Indicate to turn left

– Włącz prawy migacz   – Indicate to turn right

– Włącz wycieraczki   – Turn your wipers on

– Wyłącz światła   – Switch your lights off

– Błyśnij światłami na znak, że przepuszczasz czyjś samochód   – Flash your lights to let somebody go in front of you

– Niewielki wypadek (stłuczka)   – A slight accident

– Zderzenie   – A collision

– Poważny wypadek samochodowy z zabitymi lub rannymi   – A major accident when there is death or serious injury

– Napełnij bak benzyną   – Fill the tank with petrol

– Napełnij bak olejem napędowym   – Fill the tank with diesel

– Sprawdź poziom oleju i poziom wody   – Check your engine oil and water

Warsztat samochodowy z napisem MOT jest autoryzowanym ośrodkiem diagnostycznym Ministerstwa Transportu.   A garage with the sign MOT is an official testing centre for the Ministry of Transport.

Każdy samochód powyżej trzech lat musi przejść przegląd techniczny.

Any car over three years old must be tested for road-worthiness.

Bez tego ubezpieczenie samochodu jest nieważne.

Without it the car insurance is invalid.

Jeśli masz zaświadczenie o dokonanym przeglądzie technicznym, trzymaj je razem z innymi dokumentami, takimi jak:
– ubezpieczenie samochodu,
– prawo jazdy.

When you get your MOT certificate, keep it with your:

– insurance certificate,
– driving licence.

Bezpiecznej jazdy!

Safe motoring!

TORY KOLEJOWE

Na południu Anglii tory kolejowe są ogrodzone i nie można ich przekraczać ze względów bezpieczeństwa.

Równolegle do dwóch torów biegnie trzeci, który dostarcza prąd elektryczny do pociągu.

Jest on pod wysokim napięciem do 650 voltów.

Nigdy nie próbuj przechodzić przez tory kolejowe, bo prąd w trzecim torze mógłby cię zabić.

W pozostałej części Zjednoczonego Królestwa pociągi pobierają prąd elektryczny z wiszących przewodów, tak jak jest w Polsce.

Odkąd przestrzeń wzdłuż torów stała się nieuczęszczana, rozkwita tam dzika przyroda – lisy, ptaki, jeże i myszy mają tam swój dom.

Zabudowania i ogrody wzdłuż torów są często odwiedzane przez lisy, które grzebią w śmietnikach w poszukiwaniu jedzenia i z wielką pewnością siebie wędrują po ulicach.

RAILWAY TRACKS

In the south of England, railway tracks are fenced off for safety reasons.

There is a third rail running parallel to the main two rails which supplies electricity to the train.

It carries a very high electric current, up to 650 Volts.

Never try to cross these tracks, as the current in the third rail can kill you.

In the rest of the UK, the trains are supplied with current by overhead cables, just as in Poland.

Since the area alongside the track is undisturbed by people, wild life is able to thrive there, and foxes, birds, hedgehogs and mice all make it their home.

Estates and gardens alongside railway tracks are frequently visited by foxes, which raid dustbins for food and confidently roam the streets.

Są one znane jako lisy miejskie z powodu miejskiego trybu życia.

They are now known as urban foxes because of their town and city lifestyle.

Kiedy zbliżają się do nich ludzie, uciekają szybko, a jeśli nie uciekają, to znaczy, że są chore.

When approached by humans they run away, and if you do get close to one it is probably ill.

Nigdy nie próbuj dotykać lisa, nawet wtedy, gdy wygląda żałośnie, jako że jego ugryzienie może być niebezpieczne.

Never try to touch a fox, even one which looks sick, as they do have a dangerous bite.

Zamiast tego zgłoś to do RSPCA (Royal Society for Protection of Animals – Królewskie Towarzystwo Ochrony Zwierząt).

Instead, report it to the RSPCA.

LONDYŃSKIE DWORCE

O znaczeniu Londynu jako stolicy Anglii świadczy duża liczba głównych dróg oraz linii kolejowych biegnących do miasta z najodleglejszych zakątków Królestwa.

W Londynie znajduje się dziesięć głównych stacji kolejowych.

Stacje Euston, King's Cross i St. Pancras obsługują pociągi jadące na północ i do Szkocji.

Pociągi ze stacji Liverpool jadą na wschód do Norfolk i Suffolk.

Stacja Victoria obsługuje południowe wybrzeże i Kent.

Pociągi z Paddington jadą trasami o pięknych krajobrazach do Walii oraz na zachód kraju, do Devon i Kornwalii.

Stacja Waterloo obsługuje zachodnią część kraju, Portsmouth, Bournemouth, Southampton i Plymouth.

STACJA WATERLOO

Moją ulubioną stacją kolejową i metra jest Waterloo.

LONDON'S STATIONS

London's importance as the capital city of England is demonstrated by all the main roads and railways leading to it from the far reaches of the Kingdom.

There are ten main train stations.

Euston, King's Cross and St. Pancras all serve the North and Scotland.

Liverpool Street's trains go east to Norfolk and Suffolk.

Victoria Station serves the south coast and Kent.

Paddington's trains take the picturesque route to Wales and the West Country which includes Devon and Cornwall.

Waterloo Station serves the West Country and Portsmouth, Bournemouth, Southampton and Plymouth.

WATERLOO STATION

My favourite train and underground station is Waterloo.

Jest przeogromna, wielkości stadionu piłki nożnej, przykryta szklanym, przezroczystym dachem.

It is simply enormous, the size of a football stadium, with a transparent glass roof.

Niezwykła nazwa tego dworca wzięła się od nazwy miejscowości w Belgii, gdzie odbyła się bitwa, w której wojska brytyjskie pokonały wojska francuskie pod dowództwem Napoleona.

It's unusual name derives from a battle in 1815, when British troops defeated the French under Napoleon in Belgium.

Dworzec Waterloo ma dwadzieścia osiem peronów, z których trzy należą do Dworca Międzynarodowego Waterloo.

Waterloo has twenty eight platforms, three of which belong to Waterloo International.

Pociągi odjeżdżają stąd do Brukseli i Paryża przez tunel pod kanałem La Manche.

Trains depart from here for Brussels and Paris via the Channel Tunnel.

Waterloo jest stacją końcową, jak wszystkie inne duże dworce.

Waterloo Station is a terminus, like all the other main stations.

Ogromny szklany baldachim nad Waterloo jest podtrzymywany przez kolumny i wsporniki ze stali.

Waterloo's enormous glass canopy is supported by columns and girders of steel.

Pofalowany dach przypomina fale oceanu z ostrymi brzegami.

It is gabled, hot flat and resembles ocean waves with sharp edges.

W nocy stacja jest częściowo zamknięta, aby umożliwić pracownikom posprzątanie wagonów.

During the night hours the station is partially closed to enable workers to clean the carriages.

Zewnętrzna strona pociągów jest myta w specjalnej myjni, która przypomina myjnię samochodową, ale jest dużo większa.

Their exterior is cleaned by a special carriage wash, just like a car wash but bigger.

Ma około dziesięciu metrów długości i znajduje się blisko stacji Clapham Junction.

It is about ten meters long and is situated near Clapham Juncton Station.

Wszelkie mechaniczne usterki silnika lub wagonu są usuwane w stacji techniczno-postojowej w Wimbledonie.

Any mechanical fault with an engine or carriage is dealt with by Wimbledon Traincare Depot.

Nieustanny ruch i tłok na stacji dały początek powiedzeniu: „Co się tutaj dzieje, zgiełk jak na stacji Waterloo".

Waterloo's reputation for constant commotion has produced its own figure of speech: "What's going on here, it's like Waterloo Station".

Osiemnaście peronów na Waterloo ma schody w dół do przejścia pod peronami łączącymi je z systemem metra.

Waterloo's eighteen platforms has stairs down to an underground tunnel connecting it to the tube system.

W porze największego ruchu główny hall i tunel podziemny są wypełnione ludźmi dojeżdżającymi do pracy.

At every rush hour the main hall and the underground tunnel are filled with commuters.

W hallu głównym gęsty tłum elegancko ubranych panów w ciemnych garniturach i skórzanych butach czeka cierpliwie, patrząc na ogromny ekran, podający czas odjazdu i numer peronu.

In the main hall a dense throng of smartly dressed men in dark suits and leather shoes wait patiently for enormous departure board screen to give them details of their train time and platform.

Gdy tylko ukaże się numer peronu, tłum rusza żwawo w kierunku peronu wskazanego na ekranie, tak jakby każdy chciał być pierwszy.

As soon as the platform details appear, the crowd rushes in the direction of the indicated platform number, as if all trying to be first there.

Ten scenariusz powtarza się kilka razy, aż wreszcie szczyt ruchu pasażerskiego się kończy.

This scenario repeats itself many times until rush hour is over.

W ciągu dnia stacja jest zawsze pełna pasażerów z bagażami.

During the day the station is always busy with passengers and their luggage.

„Dekoracją" marmurowej posadzki są wszelkiego rodzaju śmieci: puste plastikowe butelki po wodzie, opakowania po kanapkach, ogryzki jabłek, torebki po chrupkach, zużyte bilety, opakowania po słodyczach i niepotrzebne rozkłady jazdy.

"Decoration" the marbled floor is rubbish of every kind: empty plastic water bottles, plastic sandwich cases, apple cores, crisp packets, used tickets, sweet wrappers and discarded timetables.

Brytyjczycy wolą być otoczeni śmieciami w miejscach publicznych, niż ryzykować, że zostaną zabici przez bomby ukryte w śmietnikach.

The British prefer to be surrounded by rubbish in public places like this rather than run the risk of being killed by bombs hidden in litter bins.

Nieustanne ostrzeżenia przez głośniki o pozostawionym bez opieki bagażu brzmią w hali jak echo.

Warnings over loudspeakers about unattended luggage echo constantly across the concourse.

Wokół centralnego hallu znajduje się mnóstwo restauracji, kawiarni, kiosków z gazetami, sklepów z różnymi artykułami i barów z przekąskami, aby zaspokajać potrzeby pasażerów.

All round the central hall are restaurants, cafeterias, newsagents, accessories shops and snack bars, to provide for the needs of its transient population.

Uwielbiam stację Waterloo.

I love Waterloo Station.

Niech istnieje jak najdłużej.

Long may it live.

UWIĘZIONA W SIECI KOMÓRKOWEJ

STUCK IN THE NET OF MOBILES

Mam się z kimś spotkać na Waterloo Station.

I have a meeting with someone at Waterloo Station.

Decyduję się pójść pieszo do stacji kolejowej w Hampton Wick i stamtąd pojechać pociągiem.

I decide to go on foot to Hampton Wick Station and take a train from there.

To tylko dziesięciominutowy spacer.

It's ten minutes walk.

Pociąg przyjeżdża na czas.

The train arrives on time.

Wybieram wagon, który wydaje się pusty. | *I choose a carriage which appears to be empty.*

Zadowolona, że znalazłam zaciszne miejsce, zamierzam zahamować gonitwę myśli w mojej głowie, ale nie jest to takie proste. | *Pleased with my choice of a place to sit quietly I intend to tame the thoughts running round in my head, but it doesn't look so easy.*

Nie jestem w stanie się skoncentrować. | *I am not able to concentrate.*

Tracę wątek. | *I lose the plot.*

Co się dzieje? | *What's happening?*

Wiem! Jestem rozdrażniona! | *I know! I am annoyed!*

Przyczyną tego stanu jest nieustający hałas. | *The reason for my state of mind is the constant noise.*

Skąd on dochodzi? | *Where does it come from?*

Rozglądam się wokół i widzę, że w przedziale jest tylko parę osób. | *I look around and I see that there are only a few people in the carriage.*

Każda z nich jest bardzo zajęta, rozmawiają przez telefony komórkowe. | *Each one of them is very busy, they are talking into their mobiles.*

Pochłonięte rozmową, skoncentrowane tylko na sobie, nie zauważyły, że wpadły w pułapkę. | *Deeply immersed in their conversation, concentrating only on themselves, they haven't even noticed that they are trapped.*

W pułapkę hałasu, który ciągle rośnie. | *Trapped in an escalation of gradually raising voices.*

Gwar staje się trudny do zniesienia. | *The hubbub becomes difficult to stand.*

Zdania wymawiane są tubalnymi, monotonnymi, wrzaskliwymi głosami. | *The sentences are spoken with stentorian, monotonous, uproarious voices.*

Ktoś przestaje mówić.	*Someone stops talking.*
Pojawia się odrobina nadziei.	*A little bit of hope appears.*
Odwracam głowę do tyłu, aby się upewnić, że mam rację. *Nie mam!*	*I turn my head back to make sure I am right.* *I am not!*
On zaczyna nową rozmowę.	*He starts a new conversation.*
Spoglądam przez okno.	*I look through the window.*
Przychodzi mi do głowy mądre zdanie, które kiedyś przeczytałam: *„Większość sytuacji można znieść, jeśli wiesz, że skończą się dokładnie w ustalonym terminie".*	*A very wise saying which I read once, comes to my mind:* *"Most situations are bearable if you know that they will come to an end at some specific time in the future".*
Tak jakby to było napisane o mojej sytuacji.	*As if it were written about my situation.*
Pociąg zbliża się do Wimbledonu.	*The train approaches Wimbledon.*
Trzy osoby z siedmiu wstają i przygotowują się do wyjścia.	*Three of the seven get up and prepare to leave the train.*
Jest teraz trochę ciszej, ale nie robię sobie wielkich nadziei.	*It is a little bit quieter now, but I will not raise my hopes.*
W mojej głowie powstaje pytanie:	*A questions forms in my head.*
Kto teraz wsiądzie do pociągu? *Posiadacze telefonów komórkowych czy osoby bez nich?*	*Who will enter the train now?* *Mobile users or people without one?*

JAK ZNALEŹĆ PRACĘ I UTRZYMAĆ JĄ

Jednym ze sposobów znalezienia pracy jest złożenie wizyty w miejscowym Biurze Pośrednictwa Pracy.

Tam uzyskasz wszystkie informacje, jakich potrzebujesz.

Wiedząc o wolnych miejscach pracy, możesz zadzwonić do firmy, która się ogłasza.

Poniżej znajduje się osiem przykładowych ofert z Biura Pośrednictwa Pracy.

Jeśli przyjrzysz im się uważnie, zobaczysz, czego wymagają firmy poszukujące pracowników.

Wydruk numer 1

Nazwa zawodu: pracownik fizyczny

Lokalizacja: Richmond

Czas pracy:
45 godzin na tydzień
od 8.00 rano do 5.00 po południu
(przeciętnie na tydzień)

HOW TO FIND A JOB AND KEEP IT

One of the ways to look for a job is by paying a visit to the local Job Centre.

There you will find all the information that you need.

When you see a vacancy, you make a call to the firm which is advertising.

There are eight examples of slips from the Job Center below.

If you look at them carefully you will see what each one requires.

Slip number 1

Job title: labourer

Location: Richmond

Hours:
45 hour week
8.00 a.m. – 5.00 p.m.
(average per week)

Zarobek: 6 funtów na godzinę	Wage: £6 per hour
Pracodawca: X	Employer: X
Opis:	Description:
Wymagane co najmniej sześć miesięcy doświadczenia w pracy na budowie.	Must have at least six months general labouring experience.
Do obowiązków pracownika będzie należało podnoszenie i przenoszenie ciężkich przedmiotów i utrzymanie porządku na budowie.	Duties will include heavy lifting and shifting work and general cleaning duties on site.
Jak ubiegać się o pracę: Skontaktuj się z lokalnym Biurem Pośrednictwa Pracy.	How to apply: Contact your local Job Centre.

Wydruk numer 2	**Slip number 2**

Nazwa zawodu: spawacz	Job title: welder
Lokalizacja: Twickenham	Location: Twickenham
Czas pracy: Od 7.30 do 16.00 Od poniedziałku do piątku (przeciętna liczba godzin na tydzień)	Hours: 7.30 a.m. – 4.00 p.m. Monday to Friday (average per week)
Zarobek: 9 funtów na godzinę	Wage: £9.00 per hour
Pracodawca: X	Employer: X
Opis: Wymagane wysokie kwalifikacje zawodowe i doświadczenie.	Description: Must be fully qualified with previous experience.

Pracownik do małej stoczni na zastępstwo do kwietnia z możliwością uzyskania stałej posady, jeśli okaże się, że to odpowiednia osoba.

Jak ubiegać się o pracę:
Skontaktuj się z lokalnym Biurem Pośrednictwa Pracy.

Required for a shipping yard to provide assistance on a temporary basis due to business needs, until April with a view to becoming permanent for the right person.

How to apply:
Contact your local Job Centre.

Wydruk numer 3

Nazwa zawodu: robotnik budowlany

Lokalizacja: Richmond

Czas pracy:
42,5 godziny na tydzień
od poniedziałku do piątku
od 8.00 do 17.00
(przeciętnie na tydzień)

Zarobek: najniższa stawka krajowa, do negocjacji

Pracodawca: X

Opis:
Wymagane doświadczenie w pracy na budowie.

Do obowiązków pracownika będzie należało utrzymywanie porządku na budowie, pomoc wykwalifikowanym pracownikom, podawanie i przynoszenie materiałów budowlanych i wykonywanie wszelkich potrzebnych prac.

Slip number 3

Job title: builder labourer

Location: Richmond

Hours:
45.5 hour per week
Monday to Friday
8.00 a.m. – 5.00 p.m.
(average per week)

Wage: exceed national minimum wage, negotiable

Employer: X

Description:
Must have some previous building experience.

Duties will include keeping the site clean and tidy, assisting tradesmen, moving materials and all general labouring tasks as required.

Zatrudnienie tymczasowe na co najmniej trzy miesiące, z możliwością przedłużenia kontraktu.

Temporary for at least three month with possibility of extended contract.

Wydruk numer 4

Slip number 4

Nazwa zawodu: kierowca komunikacji publicznej

Job title: PSV driver

Lokalizacja: Uxbridge.

Location: Uxbridge.

Godziny: nie sprecyzowano.

Hours: not specified.

Zarobek: 15 000 funtów na rok.

Wage: £15 000 per year.

Ostatni dzień przyjmowania podań o pracę.

Closing date.

Opis:
W pracy tej potrzebna jest bardzo dobra znajomość londyńskich dróg, jako że chodzi o kierowanie pojazdem pasażerskim na tym terenie.

Description:
In this job you will need a good knowledge of the London roads as you will be required to drive a passenger vehicle around this area.

Wymagana łatwość nawiązywania kontaktów.

You will have good communication skills.

Idealny kandydat powinien być gotów do pracy na zmiany, umieć nawiązywać kontakt z pasażerami i posiadać prawo jazdy wymagane do prowadzenia autobusów.

What we're looking for is the ideal candidate who will be able to work shifts, have good customer service skills and P.S.V. licence is a must.

Firma, w której będziesz pracował, jest jedną z najbardziej renomowanych firm transportowych w Zachodnim Londynie.

You will be working for one of West London's most reputable transport services.

Firma stale się rozrasta i szczyci się znakomitą opinią, jeśli chodzi o obsługę.

They are a growing team and pride themselves on their superior customer services.

99

Pensja, dodatki do pensji, w tym koszt szkolenia, wynoszą 15 000 funtów na rok, ale po 6 miesiącach warunki umowy mogą zostać zmienione.

Salary, benefits and training £15 000 per year but will be reviewed on a half yearly basis.

Jak ubiegać się o pracę:
Skontaktuj się z lokalnym Biurem Pośrednictwa Pracy.

How to apply:
Contact your local Job Centre.

Wydruk numer 5

Slip number 5

Nazwa zawodu: kierowca vana

Job title: van driver

Lokalizacja: Twickenham

Location: Twickenham

Czas pracy:
40 godzin tygodniowo
Od poniedziałku do piątku

Hours:
40 hours per week
Monday–Friday

Zarobek: 210 funtów na tydzień

Wage: £210 per week

Opis:
Kandydat musi być niekarany i posiadać bezwypadkowe prawo jazdy. Do jego obowiązków będzie należało dostarczanie vanem kanapek do klientów (biura, hurtownie) w okolicy Twickenham i pobieranie od nich pieniędzy.

Description:
Candidates must possess a full clean driving licence. Duties will include driving a mobile sandwich van to customers premises in the Twickenham area serving customers and cash handling.

Jak ubiegać się o pracę:
Skontaktuj się z lokalnym Biurem Pośrednictwa Pracy.

How to apply:
Contact your local Job Centre.

Wydruk nr 6

Slip number 6

Stanowisko: zastępca szefa kuchni

Job title: chef, second

Lokalizacja: Twickenham

Location: Twickenham

Czas pracy:
40 godzin tygodniowo przez 5 lub 6 dni

Zarobek: 6 funtów na godzinę

Opis:
Co najmniej trzy lata doświadczenia w przygotowywaniu dużych ilości potraw z Bangladeszu i Indii.

Wymagana podstawowa znajomość języka angielskiego w mowie i w piśmie.

Jak ubiegać się o pracę:
Skontaktuj się z lokalnym Biurem Pośrednictwa Pracy.

Hours:
40 hours per week, over 5 or 6 days

Wage: £6.00 per hour

Description:
Must have at least three years experience in cooking large quantities of Bangladeshi and Indian cooking.

Must have basic knowledge of written and spoken English.

How to apply:
Contact your local Job Centre.

Wydruk nr 7

Slip number 7

Rodzaj pracy: przygotowywanie kanapek

Job title: sandwich maker

Miejscowość: Twickenham

Location: Twickenham

Czas pracy:
30 godzin tygodniowo, od poniedziałku do piątku.

Hours:
30 hours per week. Monday to Friday.

Zarobki: 5 funtów na godzinę

Wage: £5.00 per hour

Pracodawca: Piekarnia Belmont

Employer: Belmont Bakery

Opis:
Preferowane będą osoby z doświadczeniem.

Description:
Previous experience would be preferred.

Konieczne jest posiadanie świadectwa zdrowia zezwalającego na kontakt z żywnością.

A food hygiene certificate is essential.

Do obowiązków będzie należało przygotowanie kanapek i bułek. Trzeba się wykazać pomysłowością.

Duties will include making sandwiches and rolls. Must be able to work on own initiative.

Jak ubiegać się o pracę:
Skontaktuj się z lokalnym Biurem Pośrednictwa Pracy.

How to apply:
Contact your local Job Centre.

Wydruk nr 8

Slip number 8

Nazwa zawodu: piekarz

Job title: baker

Lokalizacja: Twickenham

Location: Twickenham

Czas pracy:
40 godzin tygodniowo

Hours:
40 hours per week

Zarobek: 6 funtów na godzinę

Wage: £6.00 per hour

Opis:
Do obowiązków należy przygotowywanie ciasta na chleb, wkładanie i wyjmowanie bochenków z pieców, wykonywanie innych zadań związanych z wypiekiem chleba.

Description:
Duties include mixing and preparing loaves of bread, loading and unloading ovens and all other associated tasks.

Należy wykazać się podstawową znajomością języka angielskiego w mowie i w piśmie.

Must have basic knowledge of written and spoken English.

***   ***

Jeśli miałeś szczęście i zostałeś dopuszczony do rozmowy kwalifikacyjnej, postaraj się wywrzeć na szefie dobre wrażenie.

If you are lucky and are accepted for an interview, try to make a good impression on the boss.

Wybierając się na rozmowę kwalifikacyjną, powinieneś mieć pewną wiedzę o rodzaju działalności firmy.

Going to an interview, you should have some prior knowledge of the business the firm is engaged in.

Przygotuj się do rozmowy kwalifikacyjnej, zapoznając się z pewnymi terminami i wyrażeniami związanymi z pracą, którą zamierzasz wykonywać.

Do your homework before an interview, get to know some terms and expressions connected with the job you intend to do.

Oto kilka przykładowych pytań, które mogą zostać zadane, jeśli ubiegasz się o pracę spawacza.
(zobacz wydruk nr 2)

These are examples of the sort of questions you may be asked when applying for the position of a welder.
(see slip number 2)

– Gdzie pracowałeś wcześniej?
– Jaki rodzaj spawania wykonywałeś przedtem?
– Jakie uprawnienia posiadasz?
– Jak długo jesteś spawaczem?
– Czy boisz się pracować na wysokościach?

– Where did you work before?
– What sort of welding were you doing?
– What certificates have you got?
– How long have you been a welder?
– Are you scared of working at heights?

***

***

Oto przykładowe pytania, które mogą zostać zadane, kiedy starasz się o pracę robotnika budowlanego.
(zobacz wydruk nr 3)

These are examples of the sort of questions you may be asked when applying for the position of a builder labourer.
(see slip number 3)

– Czy masz lęk wysokości?
– Czy potrafisz używać młota pneumatycznego?
– Czy potrafisz obsługiwać betoniarkę?
– Czy pracowałeś przedtem na budowie?

– Jakie roboty wykonywałeś na budowach?

– Are you scared of heights?
– Can you use a drill?

– Can you use a concrete mixer?
– Have you worked on a building site before?
– What job were you doing on the sites?

***

***

Podczas rozmowy kwalifikacyjnej, pamiętaj o następujących rzeczach:

Remember the following when you are at an interview:

– Powinieneś być czysty i zadbany.
  Jeśli wyglądasz niechlujnie, pracodawca mógłby pomyśleć, że równie niechlujnie będziesz wykonywał swoją robotę.
– Staraj się patrzeć szefowi prosto w oczy,
  aby przekonać go, że słuchasz, kiedy
  mówi o warunkach wykonywania pracy.
– Nie przymykaj oczu, bo może to sprawić wrażenie, że nie jesteś zainteresowany tym, co mówi.
– Nie marszcz brwi, bo to może oznaczać,
  że masz wątpliwości.
– Nie wydawaj zbyt dużo pomruków typu
  „uhm" i „aha", bo to wskazuje na twoją
  niepewność.
– Jeśli chcesz brzmieć szczerze, nie wy-
  konuj zbędnych gestów, nie uśmiechaj
  się, nie oblizuj warg.
– Nie wierć się nerwowo na krześle, bo
  możesz rozzłościć pracodawcę.
– Nie siedź, kiedy szef wstanie, tylko pod-
  nieś się również.

– You should be clean and tidy.
  If you look sloppy, the employer might
  think your work is sloppy.
– Try to make eye-to-eye contact to convey
  to the boss that you are listening when
  he talks about the conditions of service.
– Don't close your eyes as it may give the
  impression that you are not interested
  in what he is saying.
– Don't raise your eyebrows or frown as
  it may look as if that you are doubtful.
– Don't use an excessive amount of "umms"
  and "ahas", as this shows uncertainty.

– If you want to sound sincere, don't make
  unnecessary gestures, smiles or lip-
  smacking.
– Don't fidget nervously in your chair, as
  this could annoy the employer.
– Don't remain sitting in your chair when
  he stands up, but stand also.

***

***

Dostałeś pracę!

You got the job!

Jeśli zostałeś przyjęty do pracy, pamiętaj:

Remember the following when you have
been chosen for the job:

– W każdej pracy istnieją pewne zasady
  postępowania.

– Each job has its own code of conduct.

Praca w kuchni na przykład podlega prze-
pisom bezpieczeństwa i higieny, które
muszą być ściśle przestrzegane.

The job in the kitchen for instance, is full
of health and safety regulations which
have to be strictly followed.

– Jeśli szef powie ci, abyś wytarł podłogę, ponieważ jest ślisko, musisz to wykonać natychmiast.

– If the boss tells you to mop the floor because it is slippery, you have to do it at once.

– Musisz rozumieć polecenia szefa i reagować na nie bardzo szybko.

– You need to understand his orders and respond to them immediately.

– Nikt, kto kieruje zespołem, nie zaryzykuje zatrudnienia kogoś, kto może spowodować nieszczęśliwy lub śmiertelny wypadek poprzez niezrozumienie podstawowych zasad.

– Nobody who is in charge risks having somebody at work who can cause a bad or even fatal accident by not properly understanding the basic rules.

– Kiedy zaczniesz pracować, postępuj prawidłowo, żeby szef nie zaczął żałować, że cię zatrudnił.

– When you start your work conduct yourself correctly, so your boss will not regret employing you.

– Nigdy nie przychodź do pracy pod wpływem alkoholu.

– Never go to work tipsy.

– Zawsze bądź w pracy na czas.

– Always be on time.

– Wyglądaj czysto i zadbanie.

– Look tidy and well groomed.

– W pracy staraj się być dobrze zorganizowany.

– Try to be organised in your work.

– Odkładaj narzędzia tam, gdzie ich miejsce.

– Pack all tools away where they belong.

– Jeśli coś zniszczysz, zgłoś ten fakt natychmiast.

– If you damage anything report it at once.

– Nie próbuj porozumiewać się po polsku z kolegami w obecności szefa, który nie rozumie twojego języka.
To niegrzeczne i szef mógłby pomyśleć, że mówisz o nim źle.

– Try not to communicate in Polish with your colleagues in front of your boss, who doesn't understand your language. This is bad manners and he might think you are being rude about him.

W efekcie mógłby stracić do ciebie zaufanie i pozbyć się ciebie pod najbłahszym pretekstem.

It may result in his losing confidence in you and then he could easily dismiss you on the least pretext.

– Nie klnij (także po polsku), kiedy pracujesz dla szefa innej narodowości.
W krótkim czasie zorientowałby się, że przeklinasz.
Przeklinający pracownik nie jest dobrą wizytówką dla firmy, więc przy najbliższej okazji mógłbyś otrzymać wymówienie.

– Don't swear (also in Polish), while working for a foreign boss.
After a short time he will easily know that you are using bad language.
An employee who swears is not a good advert for the firm, so on the first occasion you could be sacked.

– Pokaż szefowi, że chcesz doskonalić swój angielski.
Notuj nowe zwroty, wyjaśnienia, znaczenia.
W ten sposób cię doceni, a ceniony pracownik nigdy nie jest zwalniany.
Cenny pracownik zostaje awansowany.

– Show your boss that you want to improve your English.
Jot down new expressions, explanations, meanings.
This way he appreciates you and an appreciated employee is never sacked.
Appreciated employee gets promoted.

***   ***

Masz pracę!   You've got your job!

Jakąkolwiek masz pracę, skromną czy ambitną, jesteś z siebie dumny.

Whatever job you have, a humble one or a grand one you are proud of yourself.

Pracowałeś bardzo ciężko, by dostać tę pracę.

You've worked very hard to get this job.

Za godzinę zapłacą ci nie mniej niż 5 funtów.   You will be paid at least £5.00 per hour.

Jesteś w znakomitym nastroju.   Your are in great spirits.

Czujesz się wspaniale.   You feel great.

Tak trzymać!   **Keep it up!**

WOŁANIE O POMOC

Sobota. Około 11.00 przed południem.

Jestem w kawiarence, siedzę przy stoliku i piję cappuccino.

Przyjemna kawiarnia jest pusta, pomimo zachęcającego wnętrza i dwóch uśmiechniętych, miłych kelnerek, które okazują się Polkami.

O tej porze w sobotę to miejsce powinno być ożywione, pełne klientów.

A jest opustoszałe, ani jednego klienta – tylko ja.

Przez dwa duże okna wystawowe widzę wszystko, co dzieje się na King Street lub na Ravenscourt Road, jako że kawiarnia mieści się na rogu tych dwóch ulic.

Jednak przez którekolwiek okno spojrzę, widzę wielu Polaków.

Dokładnie naprzeciw mnie ściana białego budynku pokryta jest graffiti.

Po drugiej stronie narożnego sklepu, z gazetami, słodyczami, papierosami, artykułami spożywczymi i alkoholem, znajduje się druga grupa Polaków, opierających się o niski płotek z łańcuchów.

A CRY FOR HELP

Sutarday. It's about 11 a.m.

I'm inside the cafe, sitting by the table and drinking a cappuccino.

The pleasant cafe is empty inspite of its inviting decor and the two smiling and polite waitresses who appear to be Polish girls.

At this time on Saturday, the place should be lively, full of customers.

But it is empty, not one customer apart from me.

Through the two large shop windows I see everything that happens on King Street or on Ravenscourt Road, as the cafe is situated on their corner.

But whichever window I look through, I see a large number of Polish men.

Just opposite me, a wall of a white building is sprayed with graffiti.

On the other side of the corner is a convenience store, which sells newspapers, confectionery and tobacco as well as grocery items and liquor. There is another group of Polish men, who are leaning on a low fence made of chains.

Na chodnikach wzdłuż obu dróg obecność tych ludzi jest przeszkodą dla przechodzących, dla osób na wózkach inwalidzkich, którzy muszą przeciskać się przez ten niekończący się tłum.

On both pavements alongside the roads their presence is a hindrance to passers by, to disabled people on their wheelchairs, who have to struggle through this never ending congestion.

Każdy z Polaków ma torbę lub plecak.

Each Polish man is carrying a bag or sack.

Niektórzy opierają się o ścianę, kucają, spacerują i rozmawiają przez telefony komórkowe, ktoś często pluje na chodnik.

Some of them are leaning against the wall, squatting down, walking and talking into their mobiles, one of them is repeatedly spitting on the pavement.

Mają zaniedbane ubrania, nieogolone twarze.

Their clothes are not taken care of, their faces are unshaven.

Palą, piją, ich uwagi stają się coraz głośniejsze, ich kroki coraz mniej pewne.

They smoke and drink, their remarks become louder, their steps become more unsteady.

To ta słynna ściana płaczu!

This is the famous wailing wall!

Przeczytali już wszystkie ogłoszenia o pracy.

All the job adverts have been read and reread by them.

Żadne nowe nie ukazało się.

Nothing new has been advertised.

Czekają, mając próżną nadzieję, że jakiś przedsiębiorca w potrzebie weźmie kilku z nich i da im pracę.

They are waiting in the vain hope that some entrepreneur in need will pick some of them and give them a job.

Nie zdają sobie sprawy z tego, że aby zostać wybranym do pracy, trzeba być trzeźwym, wyglądać przyzwoicie i zadbanie.

They are not aware of the fact that, to be picked for the job, they would have to be sober and to look decent and well groomed.

Oni prawdopodobnie są bardzo dobrymi fachowcami, ale nie wiedzą, jak się sprzedać, ponieważ nie umieją mówić po angielsku.

They are probably very skilled tradesmen, but they don't know how to sell themselves as they don't speak the language.

Stracili nadzieję na znalezienie jakiejkolwiek pracy, bo nie mają możliwości porozumienia się.

They have lost hope of finding a decent job because of their lack of communication skills.

Dlatego stworzyli grupę osób wspierających się wzajemnie na duchu, fantazjując i wymyślając historie o szczęśliwcach, którym się udało.

That's why they have created a group of likeminded men to support each other by spinning yarns about "the lucky ones".

Pijąc kawę, rozumiem teraz, dlaczego klienci przestali przychodzić do tego czarującego miejsca!

While I drink my coffee I understand now, why customers have stopped coming to this charming place!

Nie chcą oglądać tych przygnębiających scen z udziałem Polaków, którzy odgrywają rolę „bohaterów".

They do not want to watch these depressing scenes of Polish men who think themselves heroes.

Wychodzę na zewnątrz, skręcam w prawo i zbliżam się do budynku POSK (Polskiego Ośrodka Społeczno-Kulturalnego).

I walk out, turn right and approach the POSK building.

W środku jest duży hall, jasnobeżowa marmurowa posadzka i wszystko wygląda raczej okazale.

Inside there is a big hall, a light beige marble floor and everything looks rather grand.

Od chwili wejścia czuję się nieswojo.

The moment I enter, I feel uncomfortable.

Wchodzę do restauracji. Rozglądam się wokół i widzę, że prawie każdy stolik jest zajęty.

I enter the restaurant. I look around and see almost every table is taken.

Elegancko ubrane panie i zadbani panowie jedzą, śmieją się i rozmawiają.

Smartly dressed ladies and well groomed gentlemen are busy eating while laughing and chatting.

Panowie w średnim wieku przerywają jedzenie, aby wydać polecenia przez telefony komórkowe, prawdopodobnie mówią do swoich pracowników.

Musisz być tak elegancki jak stali bywalcy, mieć ze sobą tyle gotówki, że kiedy zajmujesz miejsce przy stole, ich spojrzenie powie ci, czy jesteś tutaj mile widziany, czy nie.

Zdajesz sobie sprawę z tego, że to są dwa różne światy Polaków.

Tych zamożnych, którzy mają za sobą problemy z zaadaptowaniem się do nowych warunków, oraz tych, którzy są zdezorientowani i rozczarowani, że nie znaleźli tego, czego szukali i są teraz na ulicy.

Do której grupy ja należę?

Myślę, że raczej bliżsi są mi ci, którzy potrzebują pomocy.

Wychodzę i wracam do grupy Polaków.

Stanowią oni wielką uciążliwość dla lokalnych mieszkańców z powodu hałasu, jaki czynią, śmieci, jakie rozrzucają wokół siebie, i dlatego że załatwiają się na płoty i ściany.

Zrobiono już wszystko, aby się ich pozbyć, ale nic nie pomogło.

Middle aged gentlemen interrupt their meals to give decisive commands into their mobiles, probably to their employees.

You have to be as smart as them, you have to have plenty of cash on you, so when you take your place at the table, their gaze tells you whether or not you are welcome here.

You realize that there are two different worlds of Polish people.

These affluent ones who have left any problems of adapting to the new surroundings behind them and the newcomers who are confused and disappointed at not finding what they were looking for are on the street.

To which group do I belong?

I think I would rather belong to the ones which need help.

I go out and head back to the group of Polish men.

They are a nuisance to local people because of the noise which they create, the rubbish they throw around and because they urinate on fences and walls.

Every effort has been made to get rid of them altogether but nothing has worked.

Są w kraju, gdzie wciąż jest wielkie zapotrzebowanie na elektryków, hydraulików i innych pracowników!

They are in a country where there is still a great need of electricians, plumbers and labourers!

Ale jak mogą sprawić, aby ich wynajęto, jeśli nie znają języka?

But how can they get themselves hired, if they don't know the language?

Myślę, że minibus z ambasady polskiej, dwóch tłumaczy, świeża porcja ofert z urzędów pracy i telefony komórkowe pomogłyby w zorganizowaniu poszukiwania pracy, aby dowieźć tych mężczyzn tam, gdzie byliby potrzebni!

I think that a Polish Embassy minibus, two interpreters, a fresh bunch of slips from Job Centres, mobile phones to help organise the employment search would get these men into places where they are needed!

Powinny się znaleźć pewne środki na taką pomoc, na przykład z funduszy polskiej ambasady.

Some funds should be found, for instance from the Polish Embassy.

Kiedy ci ludzie poczują się potrzebni, uzewnętrznią wszystkie swoje zalety.

When the people feel needed and wanted, their potential will really show through.

Wzięcie ich w opiekę jest równoznaczne z wyrażeniem troski o wszystkich nas, Polaków.

Taking care of them is taking care of all of us Polish people.

NIE MA PIENIĘDZY – NIE MA POMOCY

NO MONEY – NO HELP

Pewien Polak przyjechał do Wielkiej Brytanii.

A Polish man arrived in Great Britain.

Wybrał pracę na czarno, jako że taka praca nie wymaga znajomości języka ani wypełniania druków.

He had chosen to start working illegally as this job didn't need any language skills or paperwork.

Zaczął pracować na budowie w zastępstwie kogoś, kto musiał wrócić do Polski.

He started his job on a building site, replacing somebody who had had to go back to Poland.

Po kilku dniach pracy spadł z drabiny i stracił przytomność.

After some days of working he fell off the ladder and was knocked unconscious.

Natychmiast przewieziono go do szpitala.

He was rushed to hospital.

Po wstępnym badaniu lekarze i pielęgniarki mieli różne zdania na temat tego, co z nim dalej robić.

After initial examination, the doctors and nurses started to have different opinions on what to do with him next.

Niektórzy chcieli wysłać go do Polski, jako że rokowania były beznadziejne, lecz inni chcieli dać mu szansę poprzez ponowne, dokładniejsze badanie lekarskie.

Some of them wanted to send him to Poland as the prognosis was hopeless but some of them wanted to give him a chance, by re-examining him more thoroughly.

Potrzebny był tłumacz, który pomógłby zaobserwować najdrobniejsze szczegóły w jego reakcjach i zadawałby pytania po polsku.

An interpreter was needed, who could help to observe the smallest details in his reactions and ask questions in Polish.

Poproszono moją córkę, Kasię.

My daughter Kasia was asked.

Jest ona doświadczonym tłumaczem języka angielskiego.

She is an experienced English interpreter.

Kiedy go zobaczyła, poczuła dla niego wielkie współczucie, bo 39-letni Zbyszek wydawał się bezradny i zależny od innych.

The moment she saw him, she felt strong pity for him, as she saw a 39-year old Zbyszek looking helpless and dependent on others.

Ten przystojny mężczyzna z przerażeniem w oczach patrzył na nią jak na swego wybawcę w grupie obcych ludzi, używających języka, którego nie rozumiał.

This good looking man with a terrified expression looked at her as his saviour among this group of strangers using language which he didn't understand.

Przyjechał tu z biednego miasteczka na południu Polski, gdzie każdy marzy o przyjeździe do Anglii i zarabianiu pieniędzy.

He came from a poor Polish town in the south, where everybody dreams of going to England and earning money.

Zaczęło się drugie badanie lekarskie.

Lekarz odpowiedzialny za to badanie miał ze sobą grubą książkę z mnóstwem pytań.

Każde pytanie zadawano najpierw po angielsku, potem po polsku i Zbyszek zaczął na nie odpowiadać.

Był święcie przekonany, że jest styczeń 1996 roku.

Jego odpowiedzi na dalsze proste pytania również nie były poprawne.

Następnie zaczął tracić wzrok w lewym oku. Nie potrafił się też skoncentrować.

Był przekonany, że jest godzina 18.00, kiedy w rzeczywistości była 13.00.

Lekarze zdawali sobie sprawę, że coś jest nie w porządku i sytuacja się pogarsza.

Postanowili skontaktować się z jego żoną, ale kiedy Kasia wykręciła numer, okazało się, że telefon został odcięty z powodu niezapłaconego rachunku.

Sytuacja stawała się coraz bardziej skomplikowana, a czas uciekał.

Całkowicie wyczerpany Zbyszek zapadł w sen, a personel szpitala postanowił odłożyć wydanie decyzji.

The second examination began.

The doctor in charge of this examination had a thick book with lots of questions.

The patient was asked each question in English and then in Polish and Zbyszek started to answer them.

He strongly believed that it was January 1996.

His answers to further simple questions were not correct either.

Then he started to lose of vision in his left eye. Then he became unable to concentrate.

He was convinced it was 6 p.m. while in reality it was 1 p.m.

The doctors knew there was something wrong and it was getting worse.

The doctors decided to contact his wife but when Kasia dialled the number the phone turned to be cut off as the bill had not been paid.

The situation was becoming more complicated and time was running out.

Feeling totally exhausted Zbyszek slipped into sleep and the staff decided to postpone their decision.

Moja córka wyszła ze szpitala smutna, bo nie była w stanie mu pomóc.

My daughter left feeling sad because she had not been able to help him.

Zbyszek przyjechał tu z takiego regionu Polski, gdzie jest wysoki poziom bezrobocia.

Zbyszek came from a region in Poland, where there is a lot of unemployment.

Jego rodzina zdołała uciułać tyle pieniędzy, aby wysłać go do Anglii i, nagle wszystkie ich plany legły w gruzach.

His family had managed to scrape together enough money to send him to England, and suddenly all their plans were ruined.

Mężczyzna, który miał utrzymywać swoją rodzinę, nagle okazuje się osobą, która sama wymaga wsparcia!

The man who was meant to support their family suddenly became the one needing support!

Zbyszek wkrótce do nich wróci, bezradny, niezdolny do pracy.

Zbyszek will soon be back with them, helpless, incapable of working.

Życie tej rodziny stanie się prawdziwym piekłem, jako że prawda jest taka: nie ma pieniędzy – nie ma pomocy.

The life of this family will become a living hell, the truth of the matter is: no money – no help.

To, co miało się stać jego angielskim snem, stało się koszmarem!

What was to supposed to be the English dream became his nightmare!

POLACY OSZUKUJĄ INNYCH POLAKÓW

POLES RIPPING OFF OTHER POLES

Ta opowieść o tym, jak Polacy zostali wystrychnięci na dudka, jest dobrze znana w polskich kręgach w Londynie.

This story, about how Polish men were conned, is well known in Polish circles in London.

Była sobie grupa Polaków wiecznie czekających pod ścianą, w pobliżu owej słynnej „ściany płaczu" w Ravenscourt Park.

There was a crowd of Polish men eternally waiting under a wall, close to that famous wailing wall in Ravenscourt Park.

Nie udało im się znaleźć pracy z powodu braku znajomości języka angielskiego.

They had had no success in finding employment because of their lack of skill at speaking English.

Podszedł do nich pewien Polak i powiedział, że poszukuje dwunastu Polaków, którzy nie znają angielskiego, jako że praca w fabryce nie wymaga znajomości języka.

A Polish man approached them and said he was looking for twelve non-English speaking Poles for a job in a factory where, he said, the use of English was not needed.

Powiedział, że każdy z nich musi wpłacić zaliczkę na przeszkolenie w zakresie zdrowia i higieny pracy.

He said that a deposit would be required for each of them to pay for a training course in health and safety.

Chciał ponad 500 funtów od każdego z nich!

He wanted more than £500 from each one up front!

Polacy zgodzili się naiwnie.

Polish men and naively agreed.

Następnego dnia czekał na nich minibus, który miał ich zabrać do fabryki.

Next day, the minibus which was taking them to the factory was waiting for them.

Po wielu godzinach jazdy przyjechali do fabryki.

After many hours of driving they arrived at a factory.

Tam powitano ich ciepło, zaoferowano kawę i przekąski, oprowadzano po fabryce.

There they were greeted warmly, offered some coffee and snacks, they were shown around the factory to have a look.

To rozpaliło ich wyobraźnię!

Their imagination went wild!

Widzieli już siebie jako pracowników i liczyli pieniądze, jakie mieli zarabiać, pracując tutaj cały dzień – 7 funtów na godzinę.

They pictured themselves as employees and were counting the money they were supposed to get working here all day at £7 per hour.

To byłby cud!

It would be a miracle!

Mogliby stać się bogaci i niezależni.

They would became wealthy and independent.

Następnego dnia cała dwunastka stawiła się punktualnie, by zacząć pracę.

Next day the twelve of them arrived punctually to start their job.

Kierownictwo fabryki było zaszokowane, widząc grupę robotników, którzy jeszcze wczoraj byli poważnymi biznesmenami z Polski.

The management of the factory were shocked at seeing this group of labourers that only yesterday were serious businessmen from Poland.

Wczoraj wyglądali na solidnych biznesmenów z dobrymi manierami, słuchali wszystkiego, ze zrozumieniem przytakując głowami.

They had looked so business like yesterday, so well mannered, they had listened to everything that was said and had presented wise nodding of their heads.

Zrobili wrażenie, jakby chcieli zebrać najnowsze informacje i zrobić z nich użytek w Polsce.

They had made the impression of wanting to take the latest new information with them to Poland and make use of it.

Teraz stali przed bramą fabryki bez znajomości języka angielskiego, bezradni, ośmieszeni i okradzeni.

Now, they were standing in front of the factory gate not speaking English, helpless, ridiculed and robbed.

Kierownictwo fabryki czuło się upokorzone, a ich reputacja mogłaby ucierpieć, gdyby sprawa się wydała.

The factory management felt humiliated and their reputation would be lost if the thing was revealed.

Mogliby się stać pośmiewiskiem w całej okolicy.

They could become a laughing stock in the local area.

Po polskim oszuście, który uknuł ten podstęp, nie ma śladu.

No trace of the Polish conman who caused this sting.

Nikt go od tego czasu nie widział.

Nobody has seen him since.

***   ***

Wszyscy Polacy, którzy przyjechali do Zjednoczonego Królestwa, muszą wystrzegać się ludzi oferujących tak dobrze płatne prace, że brzmi to za pięknie, żeby było prawdziwe.

All Polish people who come to the UK must be on their guard from people who are offering well paid jobs which sound too good to be true.

Najbezpieczniejszym sposobem znalezienia pracy jest pójście do Biura Pośrednictwa Pracy.

The safest way of getting job is through a Job Centre.

Jeśli nie znasz angielskiego, poproś kogoś, kto zna.

If you don't know the language, ask somebody who does.

Potem wszyscy, cała grupka osób nieznających języka, możecie pójść z tą osobą do Biura Pośrednictwa Pracy.

Then, the whole group of non English speakers can go along to the Job Centre with him.

Elektrycy, hydraulicy, cieśle i inni fachowcy są zawsze potrzebni.

Electricians, plumbers, carpenters and other tradespeople are always needed.

Pamiętaj!

Remember!

Usługi oferowane przez Biuro Pracy są darmowe!

The service offered by the Job Centre is free of charge!

Nic im nie płacisz za to, że załatwili ci pracę!

You pay nothing to them for arranging jobs for you!

Biuro Pośrednictwa Pracy znajdziesz w każdej części Londynu.

You will find a Job Centre in every area of London.

Weź tłumacza i idź tam!

Take an interpreter and go there!

Idź tam i chwytaj swoją szansę!

Go there and grab your chance!

OSTROŻNOŚĆ NIE ZAWADZI

BETTER BE SAFE THAN SORRY

Jesteś w obcym kraju, wszystko jest dla ciebie nowe i nieznane.

You are in a strange country, everything is new and unfamiliar to you.

Potrafisz się porozumiewać, mówiąc po angielsku, lecz zrozumienie języka pisanego jest dla ciebie trudne.

You can communicate in spoken English, but understanding the written language is difficult for you.

Czasami możesz nawet przejść obok ostrzeżenia, ponieważ nie rozumiesz, co znaczy.

Sometimes you might walk straight past a warning sign because you don't understand it.

Zanim zaczniesz pracować na budowie, rozejrzyj się, jak wiele uwag i ostrzeżeń cię wita, zanim wejdziesz na jej teren.

Before you start work on a building site, look at how many notices and cautious greet you before you go onto the site.

Firma Sloane. Wyburzanie budynków.

Sloane Demolition.

Niebezpieczeństwo!

Danger!

Praca trwa!

Work in progress!

Wymagane kaski ochronne!

Hard hat area!

Zachowaj ostrożność na budowie!

Site safety!

Uwaga niebezpieczeństwo! Trwają prace budowlane!

Construction work is in progress and can be dangerous.

Obowiązek noszenia kasków bezpieczeństwa i butów ochronnych.

Safety helmets and safety footwear must be worn.

Osobom nieupoważnionym wstęp na teren budowy surowo wzbroniony.

Unauthorised entry to this site is strictly forbidden.

Dbaj o bezpieczeństwo.

Remember safety at all times.

Wszyscy przychodzący muszą się zgłosić do biura budowy.

All visitors must report to site office.

Bądź ostrożny w czasie powrotu z pracy do domu

Be careful on your journey home from work

Późno w nocy ulice są wyludnione i mało osób korzysta ze środków publicznego transportu.

Late at night the streets are empty and there are fewer people on public transport.

Bądź ostrożny, korzystając ze środków transportu publicznego.

Be cautious when using public transport.

Podróżowanie pociągiem w nocy

Travelling by train at night

Zawsze siadaj w wagonach, które mają połączone przedziały.

Always sit in carriages which have adjoining compartments.

Jeśli to niemożliwe, siadaj blisko kabiny maszynisty.

Failing that, sit near to the driver's cabin.

Podróżowanie autobusem w nocy

Travelling by bus at night

Miej bilet w kieszeni.
Nie otwieraj portmonetki lub portfela w obecności innych.
Unikaj siedzenia na górze, jeśli jedziesz autobusem piętrowym. Jeśli autobus nie jest pełen, siedź blisko kierowcy.

Have your fare in your pocket.
Don't open you purse or wallet in front of others.
Avoid the top deck of a double-decker bus.
If the bus isn't full, sit close to the driver.

Zawsze wybieraj miejsce przy przejściu, jeśli tylko jest wolne.

Always choose on aisle seat if there is one.

Jazda rowerem lub motorem w nocy

Bądź widoczny.

Trzymaj się blisko od krawężnika.

Wkładaj jasne i błyszczące ubranie i zawsze włączaj światła o zmroku lub przy złej pogodzie.

Zawsze używaj świateł drogowych, nie oślepiaj innych.

Jeśli musisz podróżować nocą, bądź ostrożny i trzymaj się poniższych wskazówek, aby uczynić swą jazdę bezpieczniejszą.

1. Zawsze powiedz komuś, dokąd się wybierasz i kiedy zamierzasz wrócić. Jeśli masz telefon komórkowy, podaj swój numer osobie, z którą masz się spotkać.

2. Nie używaj telefonu komórkowego na ciemnych ulicach, w parkach, alejach. Jeśli musisz zadzwonić, zrób to na ruchliwej, jasno oświetlonej ulicy.

3. Trzymaj się raczej ruchliwych, dobrze oświetlonych ulic.

4. Jeśli idziesz ulicą, idź w stronę nadjeżdżających samochodów, aby nie dopuścić do sytuacji, by samochód posuwał się za tobą.

Cycling and motoring at night

Be visible.

Ride well clear of the kerb.

Wear bright clothing and always use lights after dark, or in poor weather conditions.

You must always use dipped headlights – don't dazzle cyclists.

If you do have to travel night, be cautious and stick to these rules to make your journey safe.

1. Always tell someone where you are going and when you think you'll be back. If you own a mobile phone, give your number to the person you're meeting.

2. Don't use your mobile phone in dark streets, parks or alleys. If you must make a call, do so in a busy and brightly lit street.

3. Stick to busier, well lit areas.

4. Walk facing the traffic as it makes it harder for a car to follow you from behind.

5. Jeśli jesteś przekonany, że ktoś za tobą idzie, nie wahaj się zapukać do drzwi nieznanych ludzi lub rozglądnij się za najbliższym ruchliwym miejscem, jak pub lub sklep.

Jeśli znalazłeś się w niebezpiecznej sytuacji i potrzebna jest pomoc, nie wahaj się, tylko dzwoń na 999.

Jeśli jesteś świadkiem wypadku, nie trać cennego czasu, tylko dzwoń pod 999!

Kiedy dzwonisz pod numer 999 dyżurny zapyta cię, jakie służby są potrzebne:
– karetka pogotowia,
– straż pożarna,
– policja.

Ty dokonujesz właściwego dla danej sytuacji wyboru, a potem dyżurny zada ci pytania o:
1. Numer telefonu, z którego dzwonisz.
2. Nazwę ulicy, numer domu, gdzie potrzebna jest pomoc.
3. Najbliższe skrzyżowanie, kod pocztowy jakiś punkt orientacyjny w terenie.
Nie odkładaj słuchawki telefonicznej, dopóki cię o to nie poproszą.
We wszystkich przypadkach zachowaj spokój.

Pogotowie ratunkowe

Powiedz, ile osób jest rannych, w jakich okolicznościach doszło do wypadku, jeśli wiesz i dlaczego dzwonisz.

5. If you think you're being followed, don't be afraid to knock on a stranger's door or look for the nearest busy place, such as a pub or a shop.

If you are involved in a dangerous situation and help is needed, don't hesitate to call 999!

If you are a witness to a serious situation, don't lose any precious time, but call 999!

When you call 999, the operator asks you which service you require:
– ambulance
– fire
– police.

You choose the most appropriate one, then the operator starts asking you questions:

1. The phone number you are calling from.
2. The street name and number where the emergency service is needed.
3. The nearest junction, post code and landmark.
Do not hang up the phone until you are told to.
In all cases remain calm.

Ambulance

Tell them how many people are hurt and the circumstances, if you know, and why you are calling.

Zostaniesz zapytany o wiek i płeć ofiary wypadku, czy ofiara oddycha, obficie krwawi lub czy ma uporczywy ból w klatce piersiowej.

You will be asked the age and sex of the casualty, whether they are breathing, bleeding seriously or have persistent chest pains.

Straż pożarna

Czekaj w bezpiecznym miejscu, aż przyjedzie straż pożarna.

Fire

Wait in a safe place until the emergency services arrive.

Kiedy przyjadą, powiedz im, gdzie zdarzenie ma miejsce.

When they arrive tell them where the incident is taking place.

Kilka sekund może decydować o wszystkim.

A few seconds can be absolutely vital.

Policja

Zapytają cię dlaczego potrzebujesz pomocy policji.

Police

You will be asked why you require the police.

Pożyteczne wskazówki, jak zachowywać się poza domem

Nie zbliżaj się do nieznajomych.

Precautionary tips when out and about

Don't approach somebody you don't know.

Jeśli ktokolwiek podejdzie do ciebie, próbując sprzedać ci narkotyki – potrząśnij głową, dając do zrozumienia, że nie jesteś zainteresowany – i odejdź.

If anybody approaches you who is trying to sell you drugs – shake your head in a negative way and walk away.

Nie wdawaj się w rozmowę, bo może to doprowadzić do konfrontacji.

Don't even get involved in conversation, as it could lead to a confrontation.

Jeśli zamierzasz pójść do pubu na drinka, trzymaj się z dala od obcych, rozmawiaj tylko z ludźmi, których znasz.

If you intend to go to the pub and enjoy a drink, keep yourself to yourself, only talk to the people you know.

Nie pokazuj, że masz przy sobie większą gotówkę.

Do not show that you are carrying a lot of money.

Nie przyjmuj drinków od obcych ludzi, ponieważ może on zawierać rohypnol, znany jako środek ułatwiający gwałt na randce.

Don't accept drinks from strangers because the drink may contain the substance rohypnol known as the "date rape" drug.

W nocy trzymaj się dobrze oświetlonych dróg, nie spaceruj po bocznych ulicach samotnie.

At night, keep to well lit roads, don't go wandering around back streets by yourself.

Gdzie to możliwe, podróżuj z przyjaciółmi, nigdy samotnie.

Where possible, travel with friends, never alone.

Jeśli ktoś nieznajomy zaoferuje ci podwiezienie samochodem, odmów uprzejmie.

If anybody offers you a lift who is not known to you, refuse politely.

Korzystaj tylko z taksówek z nalepkami oznaczającymi, że mają licencję.

Use only taxis which have a badge showing that they are licensed.

Nalepka jest biała, prostokątna na zielonym, okrągłym tle, przytwierdzona do tylnej szyby.

The sign is white and square, on a green circular background, attached to the windscreen or the back window.

Wydaje je Wydział Pojazdów Publicznych przy Urzędzie Miasta.

It is issued by the Council Public Carriage Office.

Wszyscy kierowcy są sprawdzani przez policję, dla pewności, że nie znajdują się w rejestrze przestępców.

All drivers are checked by the police to ensure that they do not have a criminal record.

Nigdy nie podawaj nikomu żadnych szczegółów dotyczących twojego banku czy numeru karty kredytowej, chyba że w celu transakcji handlowej.

Never give your bank details or credit card number to anybody unless it's for a business transaction.

Nigdy, pod żadnym pozorem nie pożyczaj swojego paszportu.

Never lend your passport to anyone under any circumstances.

Jeśli ktoś poprosi cię, abyś zabrał dla kogoś paczkę, a ty przechodzisz przez Urząd Celny i Imigracyjny, musisz odmówić, ponieważ paczka może zawierać narkotyki. Grozi za to 8 lat więzienia.

Nie spoufalaj się za bardzo z nikim, chyba że te osoby zostały ci odpowiednio przedstawione przez osobę, która je zna.

Nie noś ze sobą przedmiotów, które mogą być uznane za broń, na przykład noża, scyzoryka, śrubokrętu – ponieważ możesz zostać surowo ukarany, jeśli zostaniesz z nimi zatrzymany.

If anybody asks you to carry a package for them through the Customs and Immigration, you must refuse because it could contain drugs. The penalty for getting caught is eight years in jail.

Do not try to be friendly with anyone unless you have been properly introduced by the person who knows them.

Do not carry a weapon of any description such a knife, penknife or screwdriver – because if you are caught the penalties are very severe indeed.

TROCHĘ INFORMACJI O SZKOŁACH

Masz gdzie mieszkać.
Masz ze sobą swoje dziecko.

Ty masz pracę, a twoje dziecko musi iść do szkoły!

Obowiązek nauki w szkole państwowej istnieje od lat pięciu do szesnastu.

Opuszczając szkołę państwową, w zależności od wyników wybiera się college lub uniwersytet.

Aby twoje dziecko zostało uczniem angielskiej szkoły, musisz udać się do najbliższego Urzędu Miejskiego po odpowiednie formularze.

Razem z formularzami otrzymasz broszurę z adresami szkół w twojej dzielnicy, by wybrać szkołę dla twojego dziecka.

Zanim wybierzesz szkołę, którą uznasz za najlepszą dla niego, dobrze jest sprawdzić pod każdym względem inne szkoły.

Jakie dokumenty będą ci potrzebne?

Świadectwo urodzenia twojego dziecka lub jakikolwiek inny dokument potwierdzający datę jego urodzenia.

SOME INFORMATION ABOUT SCHOOLS

You have your place to live.
You have your child with you.

You have work – your child needs school!

The obligatory term of staying at state school is from the age of five until sixteen.

They leave state school and if they have qualifications they go on to either college or university.

To arrange for him to be a pupil in a school you need to go to your nearest Council Office where you get an application form to fill in.

With the application form you receive a brochure with school addresses in your district, from which you must choose one.

Before you choose the one that suits you the best for him, it is good to check the various schools out.

Which documents do you need?

Your child's birth certificate, a document which proves your child's date of birth.

Potwierdzenie twojego miejsca zamieszkania, np. jakieś rachunki z twoim nazwiskiem i adresem na nich.

Proof of your address eg. any bills with your name and address on them.

Dokument potwierdzający twoje prawo do opieki nad dzieckiem.

A document which states that you have the right to care for your child.

Czy twoje dziecko ma problem z nauką języka?

Does your child have a problem with language?

Musisz powiedzieć nauczycielowi, że twoje dziecko potrzebuje dodatkowych lekcji, a on skieruje je na nie.

You need to tell the teacher that your child needs some additional English lessons, so he will give him them.

W Haringey (dzielnicy Londynu) znajduje się szkoła, której uczniowie posługują się sześćdziesięcioma czterema różnymi językami. Wiele z nich, gdy zaczyna naukę w tej szkole, nie zna języka angielskiego.

There is a school in Haringey, where there are children who speak sixty-four different dialects. Many of them don't know English when they start.

Nie jest to problem, jako że dzieci uczą się języków bardzo szybko.

That's not a problem as children learn languages very quickly.

Jaki rodzaj ubrania obowiązuje w szkołach?

What kind of clothes are children obliged to wear at school?

Prawie we wszystkich angielskich szkołach nosi się mundurki.

Almost all English schools have uniforms.

Rodzice dostają listę rzeczy, które składają się na szkolny mundurek i dodatkowe wyposażenie.

The parents get a list of all items of uniform plus additional equipment needed.

Możesz się w nie zaopatrzyć w supermarketach, takich jak ASDA, Woolworths czy Marks and Spencer.

You can buy them in ASDA, Woolworths or Marks and Spencer.

Bluzkę, żakiet i krawat musisz kupić w szkole.

A blouse, a blazer and tie you have to buy at school.

Koszt szkolnego mundurka oraz stroju sportowego wynosi około 50 funtów.

The cost of the uniform plus sports outfit is about £50.

Podręczniki, zeszyty i przybory do pisania

Books, exercise books and stationery

Wszystkie książki i zeszyty, a także inne przybory zapewnia szkoła.

All books and exercise books and other equipment is suplied by the school.

Dzieci od lat 10 muszą zaopatrywać się we własne pióra, ołówki itd.

Older children (from 10 years old) have to provide their own pens, pencils etc.

Godziny nauki w szkole

School hours

Lekcje zaczynają się o 9.00 rano, a kończą o 15.30–16.30 z godzinną przerwą na lunch.

Lessons start at 9.00 and finish at 3.00–4.30 pm with an hour's lunch break.

Jak dzieci zwracają się do swych nauczycieli?

How do children refer to their teacher?

Dzieci zwracają się do nauczycielek „Miss" (panno), niezależnie od tego, czy jest to mężatka czy kobieta niezamężna.

Children refer to female teachers as "Miss" whether she is married or single.

Do nauczycieli zwracają się „Sir" (panie).

Male teachers are addressed as "Sir".

W niektórych szkołach dzieci zwracają się do swoich nauczycielek „Ma'm", czyli z francuskiego Madame (czytaj Maam).

In some schools children are obliged to call their female teachers "Ma'm".

Stopnie

Grades

W szkołach podstawowych nie stawia się stopni.

In primary schools children don't have grades.

Pod koniec każdego semestru dzieci otrzymują raport pisemny (oceniający ich pracę, wyniki i zachowanie).

At the end of each term the children get a written school report.

Na koniec roku szkolnego rodzice otrzymują szczegółowy pisemny raport o swoim dziecku.

At the end of the school year, the parents are given a much more detailed school report.

Poziom nauczania

Poziom nauczania w angielskich szkołach podstawowych różni się od poziomu nauczania w polskich podstawówkach.

The level of learning

The level of learning in the primary schools is different to that in Poland.

Dzieci w wieku czterech lat uczą się już pisać i czytać.

Children already learn writing and reading at the age of 4.

Dziewięcio- i dziesięciolatki uczą się podstaw geometrii i fizyki.

9-, 10-year-old children are taught the basics of geometry and physics.

Opłaty

Szkoły publiczne w Wielkiej Brytanii są bezpłatne; opłaty w szkołach prywatnych różnią się i czasami są bardzo wysokie.

Fees

Public schools in Great Britain are free of charge, fees in private schools vary and are sometimes very high.

Rodzice starają się posłać swoje dzieci do tych prywatnych i państwowych szkół, które mogą się pochwalić najlepszymi osiągnięciami i rezultatami nauczania.

Parents struggle to send their children to the best private schools or public ones which demonstrate the best achievements and results.

Przedmioty

Obowiązkowymi przedmiotami nauczania w Zjednoczonym Królestwie są: matematyka, język angielski, nauki ścisłe (fizyka i chemia), historia, geografia, technika, muzyka, wychowanie plastyczne, wychowanie fizyczne i w szkołach średnich jeden język obcy.

Subjects

Obligatory subjects in the United Kingdom are: mathematics, English language, science (physics and chemistry), history, geography, technology, music, art, P.E. and at secondary schools one foreign language.

Wszystkie szkoły są zobowiązane dać swoim uczniom wiedzę we wszystkich podstawowych przedmiotach zgodnie z programem nauczania.

All schools are obliged to give their pupils education in all basic subjects according to the National Curriculum.

Nauka religii
i wychowania seksualnego

Learning about religion
and sex education

Wszystkie szkoły w Wielkiej Brytanii zapewniają swoim uczniom lekcje religii i wychowania seksualnego.

All schools in Great Britain provide their children with lessons on religion and sex education.

Te lekcje są dobrowolne.

These lessons are voluntary.

Na lekcjach religii uczniowie poznają sześć największych religii świata, a także mniejsze religie i ich wierzenia oraz zwyczaje, jakie te religie wprowadziły.

It is about the biggest six religions from all over the world, about smaller ones and about the beliefs and customs they follow.

Zjednoczone Królestwo jest społeczeństwem wielokulturowym, więc jednakowo traktuje się tu reprezentantów różnych grup religijnych.

The United Kingdom is a multicultural society so there is equal treatment of representatives of the various religious groups.

Sikhowie muszą wiedzieć, jak wyglądają obrzędy religijne w kościele anglikańskim, katolicy powinni wiedzieć, jak się zachowywać w arabskim meczecie, gdyby zostali tam zaproszeni.

The Sikhs needs to know what praying looks like in an Anglican Church, and Catholics need to know how to behave in an Arab mosque when they are invited.

Uczniowie zdobywają wiedzę o środowiskach, z których pochodzą ich koledzy z klasy, dzięki czemu zacieśnia się przyjaźń między nimi.

This enlarges the knowledge the social backgrounds of their classmates and this makes their only friendships stronger.

Uczą się akceptowania, traktowania religii z szacunkiem a nie z przeświadczeniem, że ich religia jest lepsza od innych.

The pupils learn to be accepting and to treat other religions with respect and not to feel that their religion is superior to others.

Edukacja seksualna w Wielkiej Brytanii jest bardzo ważna.

Sexual education is very important in Great Britain.

Im lepiej jest ona prowadzona, tym mniejsza jest wśród uczennic liczba niechcianych ciąż.

The better it is organised in the schools, the smaller the amount of unwanted pregnancies among teenage girls at school.

Zarówno rodzice, jak i nauczyciele uważają, że lekcje te są bardzo potrzebne.

Both parents and teachers agree that these lessons are much needed.

Problemy w angielskich szkołach

W wielu szkołach największym problemem jest brak dyscypliny wśród uczniów, znęcanie się nad innymi oraz problemy z narkotykami.

Problems in English schools

There is lack of discipline among pupils, bullying and drug problems in many schools.

Brak dyscypliny powoduje złe zachowanie w stosunku do innych dzieci oraz do nauczycieli.

The lack of discipline leads to bad behaviour towards other children and towards teachers.

Dzieci, które źle są zachowują, nie boją się niczego, ponieważ w szkołach nie stosuje się kar.

Badly behaved children are not afraid of anything, as there's no punishment.

Nauczycielom trudno jest utrzymać dyscyplinę w klasie, gdyż prawo jest po stronie uczniów.

Teachers find it hard to order in class as the students seem to have all the right.

Znęcanie się nad innymi uczniami często zdarza się w angielskich szkołach, a zwalczanie tego problemu jest trudne i skomplikowane.

Bullying is something you find often in English schools and fighting this problem is hard and complicated work.

Poniżej znajduje się list opublikowany w gazecie, opisujący istotę rzeczy.

Below there is the letter published in a newspaper, which describes the issue of bullying.

„Jestem szykanowana przez rówieśników i moje życie to wielkie cierpienie.

"I'm being bullied and my life is a misery.

Jestem 14-letnią dziewczyną i boję się chodzić do szkoły.

I'm a 14-year old girl and I dread going to school.

130

Koledzy dokuczają mi, mówiąc że ich ob-gaduję, kiedy to nieprawda.

My friends tease me saying I've said something about them when I haven't.

Pstrykają mi w twarz atramentem.

They flick ink in my face too.

Płaczę cały czas, ale nie chcę nic mówić nauczycielowi.

I cry all the time but I don't want to tell the teacher.

Proszę, pomóżcie mi!"

Please help!"

Odpowiedź redakcji:

The reply:

„Nic nikomu nie mówiąc, tylko zachęcasz kolegów, by nie przestawali Cię zaczepiać. Koniecznie musisz o tym powiedzieć wychowawcy lub komuś z grona nauczycielskiego. Twoja szkoła powinna znaleźć na to sposób. Spróbuj nawiązać nowe przyjaźnie. Zapisz się do jakiegoś klubu na terenie szkoły czy poza nią. Zasięgnij rady, dzwoniąc pod numer 084..."

"By keeping silent you're encouraging them to carry on. Definitely tell your teacher or a staff member. The school should have a strategy for this. Try to make new friends. Join a club at school or outside. You can get advice on 084..."

***   ***

W dzisiejszych czasach, kiedy tak łatwo można zdobyć narkotyki, nawet renomowane szkoły mają z tym problemy.

Nowadays when drugs are so easy to access, even the top schools have drug problems.

W losowo wybieranych szkołach organizuje się testy do wykrywania narkotyków, aby zapobiec pogłębianiu się problemu narkomanii.

There are even random drug tests organised at schools, to prevent the drug problem from getting worse.

Oprócz narkotyków dzieci mogą uzależnić się od wąchania kleju oraz wąchania gazu z zapalniczek.

Apart from drugs, children can sniff glue, can even sniff lighter fuel.

***   ***

Po przyjeździe do Wielkiej Brytanii, niezależnie od tego, w jakim jesteś wieku, zawsze możesz się zapisać do jakiejś szkoły.

Możesz uczęszczać do szkoły wieczorowej, na tygodniowe lub miesięczne kursy.

Możesz się zapisać na korespondencyjny kurs i uczyć się w domu.

Lecz to, co liczy się w tym kraju, to twoje umiejętności.

„Pokaż, czy potrafisz to zrobić i jak potrafisz to zrobić" – tę prawdę rzeczywiście musisz znać, kiedy ubiegasz się o pracę.

Polacy zdążyli już udowodnić, że są pilnymi studentami w szkołach oraz profesjonalnymi pracownikami, gdziekolwiek pracują.

Jakie to smutne, że nie są oni doceniani we własnym kraju, ale 1200 mil dalej.

*SZTUKA GRANA PRZEZ DZIECI
W TEATRZE NA WEST ENDZIE*

Jestem w West Endzie – zachodniej części Londynu.

West End jest to centrum rozrywkowe Londynu, gdzie znajduje się mnóstwo kin, teatrów, wśród nich również Opera i Balet Królewski.

When you arrive to Great Britain, whatever age you are, there are always schools where you can enrol.

You can learn at evening school, in weekly or monthly courses.

You can do a correspondence course at home.

But what counts in this country are your skills.

"Show me if you can do it, and show me how you can do it" – they are what you really need when you apply for a new job.

Polish people have so far proved to be diligent students at school, and are very professional employees wherever they work.

How sad it is that their skills have been acknowledged, not in their own country, but 1200 miles away.

*A PLAY ACTED BY CHILDREN
IN A WEST END THEATRE*

I am in the West End – the western area in London.

The West End it is the entertainment centre of London, full of cinemas ad theatres, among them the Royal Opera House and Royal Ballet.

Kiedy wychodzę z metra na stacji w Covent Garden, czuję się tak jakbym znalazła się w świecie ludzi bogatych.

When I leave the Underground Station at Covent Garden, I feel as if I am entering the world of the rich.

Wszystko w tej dzielnicy jest bardzo drogie.

Everything in this area is very expensive.

Są tu restauracje, kawiarnie, pizzerie – szeroko otwarte, jasno oświetlone, wypełnione ludźmi siedzącymi przy stołach pokrytych długimi białymi obrusami.

There are restaurants, cafés, pizzerias – wide open, brightly lit, full of people sitting around tables covered with long white table cloths.

Większość klientów siedzi na zewnątrz, w przylegających ogródkach, pod wymyślnymi baldachimami i parasolami.

Most of the customers are sitting outside in their gardens under fancy canopies and umbrellas.

Kelnerzy w białych koszulach i czarnych spodniach krzątają się szybko pomiędzy kuchnią a stolikami, aby zaspokoić każdą zachciankę klientów.

Waiters in white shirts and black trousers are rushing between the kitchen and the tables to fulfill their customers' every whim.

Przechodząc, widzę piękny budynek, w którym przed wielu laty był słynny targ owocowo-warzywny.

As I walk, I see a beautiful building which used to be a very famous fruit and vegetable market many years ago.

Budynek składa się z żeliwnej konstrukcji, z mnóstwem ozdób z żelaza i szkła.

The building is made of a steel frame, very ornate with lots of fancy iron work and glass.

Cała dzielnica jest pełna przybytków rozrywki, takich jak teatry, musicale, kluby dlatego jest ona nazywana krainą teatrów.

The whole area is full of entertainment venues like theatres, music halls, clubs, so that the place is known as theatre land.

Prawdopodobnie jest ich dużo ponad czterdzieści.

There are probably more than fourty of them.

Zmierzam w stronę teatru Drury Lane.

I head towards Drury Lane Theatre.

Jest to ogromny, biały, narożny budynek.

This is an enormous, white corner building.

Do głównego wejścia prowadzi kilka schodów.

Some steps lead to a large entrance.

Białe marmurowe schody, wiodące w górę, pokryte są miękkim, ciemnoczerwonym dywanem.

The white marble stairs which lead upstairs are covered with a dark red plush carpet.

Jest nas troje: Kasia, Michael i ja.

There are three of us: Kasia, Michael and me.

Jarek ma miejsce w innej części teatru.

Jarek has his place in the other part of this theatre.

Jestem pod wrażeniem tego pięknego wnętrza.

I am impressed by the beautiful decor of the theatre.

Po obydwu stronach sceny znajduje się siedem lóż balkonowych w kształcie księżyca, zwisających jedna nad drugą.

On both sides of the stage there are seven moon shaped, boxes hanging above the others.

Kolory dominujące w wystroju teatru to zieleń i szarość, łączone z brązowym marmurem.

The colours are green and grey with brown marble.

Scena jest wciąż zasłonięta ciemnoczerwoną, pofałdowaną i falującą kurtyną.

The stage is still covered by a curtain, dark red, ruffled and billowing out.

Po dwóch ostrzegawczych dzwonkach rozlega się dźwięk trzeciego, co oznacza, że za chwilę zacznie się przedstawienie.

After two warning bells, the third one is heard, which means that the performance is about to start.

Duża scena zostaje odsłonięta – jest pusta i czarna, nawet podłoga jest czarna.

A large stage is revealed, empty and black, even the floor is black.

Pod tylną ścianą siedzi dziesięcioosobowa orkiestra, a po jej dwóch stronach znajdują się dwie pięciopoziomowe platformy.

By the back wall, the ten-piece orchestra is sitting, having on both sides of them five level platforms.

Kiedy orkiestra zaczyna grać pierwsze takty, na scenę wbiegają dzieci w wieku od czterech do piętnastu lat.

When the orchestra strikes up the first bars, the stage becomes flooded with children from four years old to fifteen.

Jest ich ponad dwieście.

There are more than two hundred of them.

Dzieci zaczynają zajmować miejsca na scenie.

The children start to group into their places on stage.

Jest to opowieść o słynnym angielskim agencie, znanym jako 007 (czytaj „dabl oł sevn").

The story is that of the famous English agent known as 007 (double o seven).

Dzieci grają jego współpracowników oraz jego wrogów.

The children take roles of his associates and his enemies.

Grają naukowców, bojowników, robotów i dziewczyny Bonda.

They play scientists, fighters, robots and girlfriends.

Jest tu szef Jamesa Bonda zwany „M", jest panna Moneypenny, sekretarka osoby zwanej „M", oraz osoba odpowiedzialna za nowe wynalazki, zwana „Q".

There is James Bond's boss called "M", and there is Moneypenny who is M's secretary, and the person responsible for new inventions is called "Q".

Trwa nieustająca walka, niektóre dzieci upadają, udając zabitych!

There is constant fighting, some of them fall down dead!

Dyrygent w białym żakiecie, prowadzący swoją małą orkiestrę, daje znakomity przykład, jak zachowywać się na scenie.

The conductor, dressed in a white jacket, heading up his small orchestra, gives a perfect example of how to behave on the stage.

Kieruje zespołem z wielką energią i wigorem.

He directs his team energetically and vigorously.

Podczas dyrygowania odwraca się do dzieci i śpiewa razem z nimi.

While conducting he turns back to the children and sings with them.

Kilkanaście punktowych reflektorów porusza się w ślad za występującymi na scenie.

Several coloured spot lights are busy following the performers around the stage where needed.

W tych wielokolorowych promieniach oświetlenia instrumenty orkiestry błyszczą i skrzą się.

In these multicoloured rays of light, the orchestra's instruments glow and sparkle.

Rozbrzmiewają melodie „Diamenty są na zawsze" i „Złoty palec".

The melodies of "Diamonds are forever" and "Goldfinger", are heard.

Ze sceny padają dobrze znane słowa, które kojarzymy z Jamesem Bondem, takie jak: „wódka i martini z lodem, wstrząśnięte – nie mieszane". Parodia tego tekstu, dzielnie wykonana przez dzieci, powoduje, że publiczność śmieje się i reaguje żywiołowo!

Well known words which we associate with James Bond are heard, like "vodka and martini on the rocks shaken but not stirred". The parody of the original text bravely performed by the children makes the audience laugh and cheer!

Nasza trójka wypatruje w tłumie dzieci na scenie dziewięcioletniego Jana.

The three of us are busy looking for our nine-year-old Jan.

Kiedy go dostrzegamy, próbujemy obejrzeć go dokładnie przez lornetkę.

When we find him, we try to look at him through our binoculars.

Trudno jest na nim utrzymać wzrok, jako że wszystko dookoła niego się porusza.

It's difficult to keep our eyes on him, as everything around him moves.

Chłopiec podskakuje, wymachując rękami, jakby z kimś walczył.

He jumps, moving his hands in combat style.

Śpiewa z innymi dziećmi, wykrzykuje z nimi.

He sings with the others and shouts with them.

Uczestniczenie w zajęciach teatralnych zostało wynagrodzone!

All this attendance at his drama classes has been rewarded!

Teraz wraz z innymi dziećmi jest na sce-nie Królewskiego Teatru Drury Lane na West Endzie!

Rodzice mogą oglądać owoce wysiłków swoich dzieci, a dzieci mogą pławić się w świetle parominutowej sławy.

Kółka teatralne to wspaniały sposób dla szkół, by dostrzec talenty i zapobiec zmar-nowaniu dobrze zapowiadających się ak-torów.

Now he is performing with other children on the stage of the Theatre Royal Drury Lane in the West End!

Parents can see the fruits of their chil-dren's efforts and the children can bask in their five minutes of glory.

Going to drama lessons is a great way for the schools to spot talent and to pre-vent these budding actors from slipping into obscurity.

ZAKUPY

PRODUKTY ŻYWNOŚCIOWE

Żywność w Wielkiej Brytanii może być dość droga.

Upewnij się, że kupujesz w najtańszych supermarketach.

Miejscem na zakupy, które polecam, jest Tesco.

Ceny w Tesco są bardzo niskie w porównaniu z cenami w innych supermarketach.

Małe lokalne sklepy są za drogie, by w nich kupować.

Rozglądaj się za okazjami – np. płacisz za jeden produkt, drugi dostajesz za darmo.

Na przykład, jeśli kupisz pomarańcze Jaffa za 1 funta 69 pensów, to drugą siatkę pomarańczy dostajesz za darmo.

Oto lista podstawowych produktów żywnościowych oraz ich ceny:

GOING SHOPPING

FOOD ITEMS

Food can be quite expensive in Great Britain.

Make sure that you shop at the cheapest supermarkets.

The place I recommend is Tesco.

The prices there are very competitive compared to other supermarkets.

Small local shops tend to be very expensive.

Look out for "two for one" offers you pay for one product and get one free.

For example, you pay £1.69 for Jaffa oranges and you get another bag of oranges free.

Here is a list of basic necessities and their prices:

Produkty mleczne

Op. jedn.	Produkt	Cena [£]
568 ml	Mleko	0.32
250 g	Masło	1.12
284 ml	Gęsta śmietana	0.60
200 g	Ser Feta	1.24
250 g	Dojrzały Cheddar	1.68
15 szt.	Jajka	1.16
175 g	Jogurt	0.38
650 g	Wiejski ser	1.02

Dairy products

	Product	Price [£]
568 ml	Milk	0.32
250 g	Butter	1.12
284 ml	Double cream	0.60
200 g	Feta cheese	1.24
250 g	Mature Cheddar	1.68
15	Eggs	1.16
175 g	Yoghourt	0.38
650 g	Cottage cheese	1.02

Podstawowe produkty spożywcze

Op. jedn.	Produkt	Cena [£]
2 l	Olej słoneczn.	0.97
1 kg	Bochenek chleba	0.68
500 g	Makaron	0.27
1.5 kg	Mąka	0.22
65 g	Zupa typu Curry	0.08
250 g	Makaron chiński	0.58
3.63 kg	Mrożone frytki	1.10
750 g	Sól	0.30
4 szt.	Bułki	0.38
1.5 kg	Cukier	0.73
250 g	80 torebek herbaty	0.31

Basic grocery products

	Product	Price [£]
2 l	Sunflower oil	0.97
1 kg	Loaf	0.68
500 g	Pasta	0.27
1.5 kg	Flour	0.22
65 g	Curry soup	0.08
250 g	Chinese noodles	0.58
3.63 kg	Frozen chips	1.10
750 g	Salt	0.30
4	Rolls	0.38
1.5 kg	Sugar	0.73
250 g	80 teabags	0.31

Jarzyny i owoce

Op. jedn.	Produkt	Cena [£]
5 kg	Ziemniaki	1.49
1.5 kg	Cebula	0.69
2 kg	Marchew	0.78
1 kg	Kapusta	0.48
5 szt.	Pomarańcze	1.68
5 szt.	Pomarańcze	darmo
9 szt.	Banany	0.99

Vegetables and fruits

	Product	Price [£]
5 kg	Potatoes	1.49
1.5 kg	Onions	0.69
2 kg	Carrots	0.78
1 kg	Cabbage	0.48
5	Oranges	1.68
5	Oranges	Free of charge
9	Bananas	0.99

INNE ARTYKUŁY

OTHER ITEMS

Przyjeżdżając do Zjednoczonego Królestwa, przywozisz ze sobą małą ilość bagażu.

When you arrive in the United Kingdom you will only be able to bring a small amount of luggage.

Kiedy masz już dach nad głową, na pewno przyda ci się kilka rzeczy.

After you have found your accommodation you will realise that you need to buy some things.

Na przykład:

For instance:

Kilka kubków do herbaty.

You need to have some mugs.

Parę koców.

You need to have some blankets.

Przyda ci się również mała lampka nocna.

You need to have a small lamp.

Gdybyś chciał kupić te rzeczy w zwykłym sklepie, byłoby to dość kosztowne.

Buying them in an ordinary shop would be rather expensive.

## JAK I GDZIE KUPOWAĆ?	## HOW AND WHERE TO BUY?

Są miejsca, gdzie możesz robić zakupy, nie wydając zbyt dużo pieniędzy.

There are places where you can buy things you need without spending too much money.

Prowadzi się tam sprzedaż rzeczy nowych i używanych.

These places sell new and also secondhand (used) goods.

Są to:
sklepy prowadzone przez organizacje dobroczynne,
sklepy z używanymi rzeczami,
sprzedaż obwoźna.

These are:
charity shops,

jumble sales,
car boot sales.

Warto również przeglądać ogłoszenia w lokalnych gazetach.

You can also read adverts in local newspapers.

Ogłoszenia w lokalnych gazetach

Adverts in local newspapers

Jeśli na tyle dobrze znasz język angielski, aby porozumiewać się z Brytyjczykami, znajdowanie rzeczy do kupna w lokalnych gazetach jest dla ciebie pewnym wyjściem.

If your English allows you to communicate fairly well with British people, finding things in local newspapers is an option.

Przykłady ogłoszeń:

Examples of adverts:

Artykuły na sprzedaż

Articles for sale

Odkurzacz Dysona w idealnym stanie razem z gwarancją.
Kosztował 211 funtów, sprzedam za 45 funtów.

Dyson vacuum cleaner. Immaculate, including warranty.
Cost £211, accept £45.

Komplet wypoczynkowy trzyczęściowy w znakomitym stanie, sześć lat temu kosztował 850 funtów, teraz 150 funtów (z powodu przeprowadzki), dodatkowo dorzucę okrycia i inne rzeczy.

Three piece suite excellent condition, cost £850 six years ago, £150 now (moving), plus throwovers and other bits.

Antyk, oszklona mahoniowa, narożna szafka z trzema półkami.
Cena: 60 funtów

Antique mahogany, corner display cabinet glass door three shelves. £60.

Trzy stoliki wkładane jeden w drugi, blaty ze sztucznego marmuru, 30 funtów.

Nest of three large occasional tables marble effect tops £30.

Pianino na sprzedaż, stan bardzo dobry, tylko za 150 funtów.

Piano for sale good condition, buyer collects £150 only.

Pojedyncze łóżko z drzewa sosnowego, razem z materacem, 20 funtów.

Single bed pine including mattress £20.

Skuter dla osób niepełnosprawnych, w dobrym stanie, nowa bateria i ładowarka. 200 funtów lub zbliżona cena.

Mobility scooter in good condition new battery and charger. £200 or nearest offer.

Zupełnie nowa komoda, 6 szuflad, kosztowała 158 funtów. Prawdziwa okazja. Właściciel wraca do Irlandii. 58 funtów lub targuj się.

Brand new chest, 6 drawers, cost £158, a good bargain, owner going back to Ireland. £58 ono (or near offer).

Sklepy prowadzone przez organizacje dobroczynne

Charity shops

Sprzedają rzeczy ofiarowane przez ludzi, którym nie są one już potrzebne, a pieniądze uzyskane ze sprzedaży są przeznaczane na cele dobroczynne.

Sell items that have been donated by members of the public who no longer need these items and the money raised from the sales is given to charities.

Te sklepy są rozrzucone po całym Londynie.

These shops are spread all over London.

Na każdej głównej ulicy w każdej dzielnicy mieści się czasami nawet od trzech do pięciu takich sklepów.

Every High Street in every district, has maybe three or five of them.

Jednym z najbardziej znanych i popularnych jest Oxfam.

One of the best known and popular is Oxfam.

Oxfam to powołane w Oxfordzie towarzystwo do niesienia pomocy ofiarom głodu.

Oxfam means Oxford famine relief.

Inne sklepy tego typu są pod auspicjami takich organizacji dobroczynnych jak: Krajowa Linia Pomocy w Poszukiwaniu Osób Zaginionych, Badania nad Rakiem w UK, Brytyjski Czerwony Krzyż, Rumuńskie Sieroty i inne.

Other charity shops are under the auspices of National Missing Persons Helpline, Cancer Research UK, British Red Cross, Romanian Orphans and others.

Towary w tego typu sklepach nie są tak tanie jak w sklepach z używanymi rzeczami lub na sprzedażach obwoźnych.

Goods in these kind of shops are not as cheap as at jumble sales or car boot sales.

Sprzedaż rzeczy używanych

Jumble sale

Sprzedaż ta jest organizowana są przez kościoły wielu wyznań, takie jak: metodyści, anglikanie, żydzi, katolicy, baptyści.

Jumble sales are events organised by churches of all denominations like Methodist, Anglican, Jewish, Catholic, Baptist.

Najbardziej znaną organizuje Armia Zbawienia.

The best known are those organised by the Salvation Army.

Towary w Armii Zbawienia są sprzedawane za przysłowiowy grosz, lecz głównie jest to używana odzież, porcelana, ozdoby lub książki.

Goods are sold there for proverbial pennies, but mainly they are secondhand clothes, china, ornament and books.

Sprzedaż obwoźna

Najbardziej interesującym i zabawnym sposobem kupowania nowych i używanych rzeczy jest sprzedaż obwoźna.

Jest to również najbardziej popularna forma sprzedaży, ponieważ możesz się targować, a poza tym znajdziesz tam wszystko, czego potrzebujesz.

Miejsca, gdzie odbywają się sprzedaże obwoźne, są ogłaszane w lokalnych gazetach.

Zazwyczaj prowadzi się je na dużych, otwartych przestrzeniach, regularnie przez cały rok, bez względu na pogodę.

Ludzi, którzy sprzedają w ten sposób towary, można podzielić na trzy kategorie:
1. zawodowi handlarze (jest to ich główne zajęcie),
2. ludzie, którzy zarabiają pieniądze, sprzedając rzeczy innych,
3. ludzie, którzy chcą się pozbyć niepotrzebnych rzeczy z domu.

Podczas sprzedaży obwoźnych jest co najmniej 200 stoisk oferujących szeroki asortyment towarów, od odzieży męskiej i damskiej po pojazdy motorowe.

Jeśli potrzebny ci środek lokomocji, by dojeżdżać do pracy, możesz kupić używany rower w bardzo dobrym stanie za 20 lub 25 funtów.

Car boot sale

The most interesting and fun way of buying new or secondhand goods is at the car boot sale.

Car boot sales are the most popular because you can negotiate the price, also you will find everything you require there.

Places where car boot sales take place, are advertised in local newspapers.

Usually they are held in large open areas, where they take place regularly, all year round, whatever the weather.

People who sell their goods in this way can be divided into three categories:
1. professional traders (this is their main occupation),
2. people who earn money selling goods for other people,
3. people who want to get rid off all their "clutter", things they no longer want or need.

At most car boot sales there are 200 stalls at least, selling a wide range of goods from men's and women's clothing to motor vehicles.

If you need transport to get to work, you can buy an excellent secondhand bicycle for £20 or £25.

Jeśli pracujesz na budowie, obowiązkowe są specjalne buty robocze.

If you are working on a building site, safety boots are mandatory.

Te rzeczy możesz również nabyć na sprzedaży obwoźnej.

They can also be purchased at the car boot sale.

Czasami w sezonie letnim, kiedy sprzedaż obwoźna odbywa się na polu otoczonym drzewami, z dala od zatłoczonych miast i miasteczek, można się poczuć jak na pikniku.

Sometimes, during the summer, when the car boot sale takes place in a field surrounded by trees, far away from the crowded cities and towns, you feel as if you were attending a picnic.

Tłumy ludzi spacerują przed prowizorycznymi stoiskami.

Crowds of people are walking up and down in front of the makeshift stalls.

Jeśli coś przykuje twą uwagę, zatrzymujesz się, przyglądasz się temu z bliska i pytasz o cenę.

If something attracts your attention, you stop, look at it closely and then enquire about the price.

Jeśli uważasz, że cena jest zbyt wysoka, zawsze możesz się potargować.

If you think the price is too high, you can always bargain.

Jeśli miałeś szczęście i kupiłeś rzeczy w okazyjnej cenie, masz powód do radości.

If you are lucky and get the goods you wanted for the price, you were willing to pay this makes you very happy.

Sprzedawcy zwykle oferują ogromny wybór książek od 10 pensów do 10 funtów.

Sellers usually offer an abundance of books from 10 p to £10.

Mają także stosy bielizny pościelowej, mnóstwo koców i kołder.

They also have heaps of bed linen, piles of blankets and duvets.

A także kubki do herbaty za 50 pensów każdy, koce po 2 funty i lampki nocne od 2 do 4 funtów.

And also mugs for 50 p each, blankets for £2.00 and a bedsite lamp for £2.00 to £4.00.

Pudło pełne butów!

A box full of shoes!

Bardzo dobrej jakości, nowoczesne, ostatni krzyk mody, możesz je kupić w cenie od 2 do 10 funtów.

These are very good quality, up to date and in fashion, and can be purchased from between £2.00 to £10.00 a pair.

Na stoiskach przed każdym bagażnikiem samochodu jest ogromny wybór starych kaset, płyt DVD.

On the stall in front of each car boot is a variety of old fashioned tapes and DVDs.

Czasami sprzedaż obwoźna przekształca się w wydarzenie towarzyskie.

Sometimes the car boot sale turns into a social event.

Ludzie zaczynają miło gawędzić i dowcipkować.

People start witty and friendly conversations.

Zawierają nowe znajomości.

They make new acquaintances.

Mogą być przeprowadzane transakcje handlowe.

Business transactions can take place.

Jeżeli czujesz się trochę samotny, jest to znakomite miejsce dla ciebie.

If you are feeling a bit lonely it's a great place to go.

Będziesz otoczony ludźmi.

You will be surrounded by people.

Będziesz słuchał, jak inni ludzie się targują, możesz uczyć się od nich.

You should listen to how other people bargain, you can learn from them.

Robiąc w ten sposób zakupy, zaoszczędzisz pieniądze i zdobędziesz rzeczy, których potrzebujesz, jednocześnie poszerzając zakres angielskiego słownictwa.

Doing the shopping this way will save you money and you will acquire the goods you need while enlarging your English vocabulary.

Korzystaj z każdej sposobności, aby uczyć się języka angielskiego!

Use every possibility to learn English!

WYJŚCIE NA ZAKUPY

Jestem w Tesco. Robiąc cotygodniowe zakupy i przeciskając się przez tłum innych kupujących, stwierdzam, że to niełatwe zadanie.

Pcham przed sobą duży metalowy wózek na zakupy.

Jestem zła, ponieważ nie mogę utrzymać go pod kontrolą.

Ma on tendencję do upartego skręcania w prawo.

Stopniowo napełniam wózek zakupami.

Tam jest alejka, do której chcę się dostać, aby coś stamtąd wziąć.

Popycham w tym kierunku wózek, walcząc z jego nieposłuszeństwem.

Nie mogę tam wejść, ponieważ widzę sporą grupę ludzi zgromadzonych wokół kogoś, kto zdaje się coś wyjaśniać.

Skoro nie mogę się dostać tam, gdzie chciałam, postanawiam, że przyjdę tu później.

Idę do sąsiedniej alejki, gdzie zaczynam studiować duży wybór orientalnych przypraw.

Zabiera mi to jakiś czas, podczas którego czuję za plecami coraz większą grupę ludzi.

A SHOPPING TRIP

I am at Tesco doing my weekly shopping and pushing through the crowd of other customers is not an easy task.

A large metal shopping trolley is in front of me.

I am annoyed as I am not able to keep it under my control.

It has a tendency to stubbornly keep turning to the right.

I gradually fill up my shopping trolley with goods.

There is an aisle where I need to pick up something.

I push my trolley, struggling with its insubordinacy, in that direction.

I can't get in, as I see a quite large group of people gathered around somebody who seems to be explaining something.

As I can't get to the spot which I need, I decide to come back later.

I go to the neighbouring aisle where I start to peruse the large range of oriental spices.

It takes me a while and during this time I feel a group of people growing behind my back.

Mówię „przepraszam", chcąc przejść dalej, ale widzę, że to nie są zwyczajni kupujący.

I say sorry, wanting to move further but then I see it's not a crowd of ordinary customers.

To jest grupa ludzi opóźnionych w rozwoju.

This is a group of people with learning difficulties.

Przyszli tu na zakupy.

They are involved in a group shopping trip.

Skupieni wokół opiekuna, słuchają i odpowiadają na jego pytania; są z nimi jeszcze inni opiekunowie.

Concentrated around the carer in charge they listen to him and answer while they are supported by other attendants.

Dziesięć osób, czterech opiekunów, dwa wózki z zakupami tworzą spore utrudnienie dla innych kupujących.

Ten people, four carers and two shopping trollies make quite an obstacle to pass.

Jednak nikt nie okazuje zdenerwowania.

Yet this hindrance to their shopping doesn't seem to annoy the other customers.

Ludzie uśmiechają się i przepraszają, gdy chcą przejść dalej.

People are full of apologies and smiles.

To są dobrze wychowani Anglicy.

They are well-mannered English people.

Opiekun niepełnosprawnych bierze pudełko z herbatą owocową.

The leader-carer picks up a box of fruit tea bags.

Czyta swoim podopiecznym głośno, powoli i wyraźnie informacje napisane na etykietce.

He reads loudly, slowly and clearly to his group some information written on the label.

Dwie dziewczyny patrzą na niego, kiedy czyta.

Two girls are looking at him while he reads.

On czeka na sygnał z ich strony.

He waits for their signal.

Kiedy widzi, że skinęły głowami, kładzie herbatę do wózka z zakupami.

When he sees it in their nodding heads, he puts these teabags into the shopping trolley.

Potem bierze pudełko herbaty ziołowej i zwraca się do mężczyzny w średnim wieku, któremu pomaga inny opiekun:

Then he picks up another box of herbal tea bags and turns to a middle aged man who is being supported by another carer:

„Jak myślisz, Roger, czy nasza Mary polubiłaby tę rumiankową herbatę? Sądzisz, że powinniśmy wziąć ją dla niej?".

"What do you think, Roger, would our Mary like this camomile tea? Shall we take it for her to try?".

Bez odpowiedzi!

No answer!

„Myślę, że jednak weźmiemy tę herbatę, a jeśli ona jej nie polubi, my jej spróbujemy. Co o tym myślisz?"

"I think we'll take it anyhow and if she doesn't like it, we'll try it, what do you think?"

Bez odpowiedzi!

No answer!

„Roger, czy mógłbyś tu podejść i włożyć tę herbatę do wózka na zakupy?"

"Roger, come over and put these tea bags into this trolley, please!"

Mężczyzna zbliża się powoli, cały czas wspomagany przez swojego opiekuna, i bierze papierowe pudełko zawierające 100 torebek herbaty rumiankowej.

A man approaches slowly and, being still supported by his carer, takes one paper box with one hundred camomile bags of tea.

„Bardzo dobrze, Roger, czy teraz mógłbyś je włożyć do wózka z zakupami" – mówi opiekun.

"Very well Roger, now could you put it into the trolley, please?" – says the leader of the group.

Roger pochyla się niezręcznie i kładzie pudełko na wierzch innych produktów.

Roger bends down awkwardly and puts the box on top of other items.

Kiedy skończył, opiekun chwali go:

When he has finished, the leader – carer praises him:

„*Znakomicie Roger, znakomicie!*"

"*Well done, Roger, well done!*"

„*Mary będzie bardzo uradowana, że przywieźliśmy jej herbatę, a my wszyscy będziemy się rozkoszować nowym smakiem herbaty na podwieczorku*".

"*Mary will be pleased that we bring her this tea, and we'll all enjoy trying a new taste for our afternoon tea*".

Roger wciąż jeszcze nie wyrzekł słowa, ale wydaje się zadowolony z tego, że wykonał zadanie.

Roger still doesn't utter a word but he seems to be pleased at having accomplished his task.

Grupa idzie naprzód.

The group moves forward.

Teraz stają przed półką z jogurtami.

They are now facing a variety of yoghourts.

„*Kto ma ochotę na jogurt wiśniowy?*" – *pyta opiekun, zwracając się do swojej gromadki.*

"*Who fancies cherry yoghourt?*" – *asks the carer, turning to his brood.*

Lekkie poruszenie w grupie.

A slight agitation stirs among the group.

„*Proszę się skupić, wszyscy – mówi. – Teraz zamierzam wybrać jogurty dla każdego z was*" – *obwieszcza.*

"*Look at me, everybody*" – *he says.* – "*Now I am going to choose a yoghourt for each one of you*" – *he announces.*

Zbliża się do półki, bierze paczkę z dwunastoma jogurtami, podnosi ją do góry i pokazuje, żeby wszyscy widzieli.

He approaches the shelf, picks up a package of twelve yoghourts, lifts it up and shows it to them.

„*To wszystko jest dla nas, dla ciebie Roger, dla ciebie Christine...*" – *zaczyna wymieniać imiona, lecz nagle przerywa.*

"*This lot is for all of us, for you Roger, for you Christine...*" – *he starts going through the names but suddenly he stops.*

„*Susy – zwraca się do dziewczyny. – Nie powinnaś otwierać tego jogurtu*".

"*Susy*" – *he turns to her.* – "*You are not supposed to open this yoghourt now*".

„Za jogurt trzeba zapłacić, zanim go otworzysz".

"It has to be paid for before you open it".

„Ale skoro już to zrobiłaś, wypij go do końca, a ja wezmę ten pusty pojemnik, żeby pokazać go pani w kasie, aby doliczyła go do naszego rachunku".

"But since you have already opened it, finish it and I'll take this empty plastic container to show the lady at the till so she can add it to our bill".

Susy zjada jogurt palcami, rozlewając połowę na swoje ubranie.

Susy is eating the yoghourt with her fingers, spilling half of it on her dress.

Pije łapczywie, jakby się bała, że ktoś mógłby jej zabrać ten przysmak.

She devours it avidly as if she were afraid that somebody might take the delicious thing away from her.

Opiekun czeka cierpliwie.

The leader waits patiently.

„Grzeczna dziewczynka" – mówi, poklepując ją po ręce, kiedy Susy wręcza mu pusty pojemnik.

"Good girl" – he says patting her kindly on the hand, as she hands over the empty container.

„Czy możemy teraz już iść?" – pyta grzecznie.

"Can we go now?" – he asks politely.

Cała grupka rusza do przodu.

The whole group moves forward.

Niektórzy idą, korzystając z pomocy swoich opiekunów.

Some of them walk with their carer's support.

Niektórzy utykają, niektórzy powłóczą nogami.

Some of them limp and some of them shuffle their feet.

Gdziekolwiek się pojawią, powodują pewne zamieszanie.

Wherever they appear they create some kind of disorder.

Ale to nikomu nie przeszkadza.

But it doesn't disturb anybody.

Każdy toleruje ten mały chaos.

Everybody puts up with the small chaos.

Inni kupujący uśmiechają się do nich i czasami grzecznie zagadują, tak jak gdyby to byli zdrowi, normalni ludzie.

Other customers smile at them, making polite remarks just as if they were healthy, normal people.

Niepełnosprawni ludzie nie spieszą się.

The disabled people are not in a hurry.

Oni bardzo lubią wycieczki do miejsc, gdzie robi się zakupy.

They enjoy their shopping trips.

Uwielbiają być w towarzystwie innych ludzi.

They love being able to mingle with people.

Nawet ci głęboko upośledzeni, jeśli tylko mogą chodzić, są zabierani na te wycieczki.

Even the most profoundly disabled, if they are able to walk, are taken on these trips.

Oni nie są świadomi tego, gdzie się znajdują, lecz reagują na przyjemne głosy, uśmiechnięte twarze i życzliwe zachowania innych.

They are not aware of where they are, but they respond to pleasant voices, smiling faces and kind attitudes.

Im więcej mają tych wrażeń, tym bardziej są uradowani.

The more of these impressions they have, the happier they seem to be.

Ludzie, z którymi ci niepełnosprawni mijają się w supermarkecie, dzięki swej postawie są dla nich najlepszym lekarstwem.

The people they bump into in the supermarket with this attitude towards them are providing the best medicine.

SPACER
PO ULICY GŁÓWNEJ

Londyn składa się z wielu małych, połączonych ze sobą miast.

Każde miasto ma główną ulicę, gdzie skupionych jest mnóstwo sklepów i punktów usługowych.

Te handlowe ulice są zazwyczaj nazwane ulicą Główną lub Szeroką.

Na ulicy Głównej jest wiele dużych sklepów, domów towarowych i punktów usługowych, które bezwzględnie walczą o klientów.

Sklepy eksponują swoje towary, ceny, oferty.

Spacerując wzdłuż ulicy Głównej, mijasz:

– rzeźnika w białym stroju i białych kaloszach,
– piekarza, w którego sklepie unosi się aromat świeżego chleba i ciast,
– sprzedawcę warzyw, który ma duży wybór owoców i jarzyn,
– sprzedawcę ryb, który oferuje mnóstwo ryb, homarów, krabów i żywych węgorzy.

WALKING
THE HIGH STREET

London consists of many small towns, all linked together.

Each one of them has their own main street, where most of the shops and services are concentrated.

These commercial streets are usually called the High Street or the Broadway.

The High Street contains all the main shops, stores and services, which ruthlessly compete against each other for customers.

They display their goods, their prices, their offers.

When you walk along the High Street you pass by:
– a butcher, who wears a white uniform and white wellingtons,
– a baker, who has an aroma of freshly baked bread and cakes in his shop,
– a greengrocer – who has a wide selection of fruit and vegetables,
– a fishmonger, who offers a variety of fish, lobsters, crabs and live eels.

Jest tu też mnóstwo innych sklepów i punktów usługowych, które wywieszają swoje reklamy na wystawach.

There are plenty of other stores and services which advertise themselves on their windows.

Ze względu na ograniczoną ilość miejsca, reklamy muszą być przedstawione w skrótowej formie.

Having to describe their activities in a limited space, the adverts have to be written in a concise way.

Z przyjemnością się je czyta i uczy się z nich.

It is a pleasure to read them and a pleasure to learn from them.

Wśród nich można znaleźć mnóstwo pożytecznych zwrotów, trochę idiomów, trochę kalamburów, np.:
„Haart... jest tam, gdzie jest twój dom."
(Haart to nazwa agencji nieruchomości).

Among them you will find plenty of useful expressions, some idioms, some wordplay like, for example:
"Haart... is where your home is."
(Haart being the name of the estate agency).

Powinno być: „Serce jest tam, gdzie jest twój dom!"

It should be: "Heart is where your home is!"

Obok piekarni znajduje się HSBC – bank, który zachęca, by robić z nim interesy:

There is a HSBC bank next to the bakery which invites you to do business with them:

„Zaufaj nam, my ochronimy Twoje oszczędności przed poborcami podatkowymi".
(HSBC:
H – Hongkong
S – Szanghaj
B – Bankowa
C – Korporacja)

"Trust us to protect your savings from the taxman".
(HSBC:
H – Hong Kong
S – Shanghai
B – Banking
C – Corporation)

Na wystawie sklepu z alkoholami jest reklama, która zawiera popularny idiom:

Outside the off licence shop, there is a written advert which contains of a common idiom:

„Zabrakło ci piwa?
Po prostu wejdź!"
Run out of – zabrakło (znaczenie idiomatyczne).

"Have you **run out of** beer?
Just pop in!"
Run out of – (an idiomatic meaning).

Inna reklama na sklepie z meblami: „Nasze produkty spełniają twoje oczekiwania!"

Live up to – spełniają (znaczenie idiomatyczne)

Another advert is outside a furniture shop: "Our products **live up to** your expectations!"

Live up to – (an idiomatic meaning)

Spaceruję dalej wzdłuż ulicy Głównej i nagle widzę zakład fryzjerski o zabawnej nazwie „Łowcy głów"!

I walk further along the High Street to find a barber shop with an amusing sign "Headhunters"!

Poniżej zamieszczam listę sklepów i punktów usługowych, które znajdują się na ulicach Głównych w następujących dzielnicach Londynu: Teddington, Twickenham, Hampton Wick, Richmond.

Below is a list of shops and services which I jotted down while I was walking down the High Street in Teddington, Twickenham, Hampton Wick and Richmond.

Sklep monopolowy

Wyprzedaż towarów za połowę ceny

Off licence

All sale stock $\frac{1}{2}$ price

Firma Unwins – kupiec win

Unwins – Wine merchant

Sklep spożywczo-alkoholowy otwarty do późna.

Grocery – off licence open till late.

Kiosk z gazetami

Loteria Państwowa – zagraj.

Newsagent

The National Lottery – play here.

Sklep z narzędziami

Wszystkie narzędzia, których potrzebujesz do DIY (majsterkowania) – pod jednym dachem
(DIY = zrób to sam)

DIY Store

All your DIY under one roof

(DIY = Do it yourself)

Budulec, drewno – narzędzia, wyroby żelazne – hydraulika – elektryczność – ogrodnictwo – malowanie – upiększanie wnętrz – zamki

Timber – tools ironmongery – plumbing – electrical – gardening – painting – decorating – locks

Sprzątanie

Mieszkań, domów i pomieszczeń biurowych

Cleaning

For flats, houses and commercial premises

Sprzątanie domów

Domestic cleaning service

Sprzątanie biur

Office cleaning

Sprzątanie podczas przeprowadzek

Moving in, moving out

Wiosenne porządki

Spring cleaning

Czyszczenie dywanów

Carpet cleaning

Prasowanie

Ironing Service

Sprzątanie po remontach

After builders cleaning

Wszystkie nasze sprzątaczki są przeszkolone, pracują w firmowej odzieży roboczej i są ubezpieczone

All our cleaners are fully trained, uniformed and insured

Jednorazowe lub regularne sprzątanie w ciągu dnia lub wieczorem

One – off or regular cleaning daytime and evening

Nauka jazdy

Ręczne i automatyczne biegi

Driving school

Manual and automatic

Teoria

Theory lessons

Lekcje na autostradzie

Motorway lessons

Kwiaciarnie	Florists
Bukiety	Bouquets
Podziękowania w formie kwiatów	Floral tributes
Wieńce pogrzebowe	Funeral wreaths
Kwiaty z okazji walentynek	Valentines
Kwiaty dostarczamy w każdy zakątek świata	Flowers delivered worldwide
Zamów przez telefon.	Order by phone.
Doręczanie tego samego dnia.	Same day delivery.
Aranżacje z kwiatów	Hand tied arrangements
Piękne kwiaty za rozsądną cenę	Beautiful flowers, sensibly priced
Dekoracje biur i restauracji	Displays for offices and restaurants

Hydraulicy	Plumbers
Hydraulika – zadzwoń do firmy, której możesz zaufać.	Plumbing – call the company you can trust.
Wycena prac – gratis.	Free quotations.
Zniżki dla OAP (rencistów i emerytów). O – starsi A – wiekiem P – emeryci i renciści	OAP discount O – Old A – Age P – Pensioners
Nie pobieramy opłat za wycenę prac przed przystąpieniem do nich.	No call charge.

Tapicerstwo	Upholsterers
Specjaliści od kompletów wypoczynkowych	Suite specialists
Antyki i meble współczesne – naprawa mebli – meble skórzane	Antique and modern – furniture repairs – leather furniture
Wielki wybór materiałów obiciowych	Large selection of fabrics
Rodzina prowadzi zakład od 1988 roku.	Family run since 1988.
Zakład istnieje od ponad 17 lat.	A family run business for over 17 years.
Meble skórzane, wnętrza samochodów	Leather furniture, car interior
Naprawy, farbowanie	Repairs, re-colouring
Odnawianie, pokrywanie na nowo.	Renovation, re-upholstering.
Reperujemy dziury, nacięcia i przetarcia.	Burns, tears and scuffs repaired.
Biurka pokrywamy na nowo skórą.	Desks re-leathered/tooled.
Wnętrza samochodów i łodzi	Car and boat interiors
Usuwanie plam	Stains removed
Naprawiamy meble z różnych okresów.	Work carried out on furniture of all ages.

Sklep obuwniczy	Shoeshop
Problem ze stopami – nie ma problemu	Problem feet – no problem
Fachowo zrobione na miarę – wizyty domowe.	Skilled made to measure – home visit

Specjalnie poszerzone obuwie od numeru 3. do 15.

Extra wide fit shoes from 3–15

Buty dla ludzi starszych i niepełnosprawnych

Shoes for elderly and disabled

Sklep z antykami

Antique shop

Pilnie poszukujemy różnego rodzaju antyków, takich jak:
– meble sprzed 1920 roku,
– biblioteczki, szafy, ozdobne biurka,
– pianina, obrazy, porcelana,
– zegary, srebro,
– skupujemy całe wyposażenie domów.

Urgently required all antiques:

– pre 1920 furniture,
– bookcases, wardrobes, bureaux,
– pianos, paintings, china,
– clocks, silver,
– specialists in house clearances.

Tu kupisz i sprzedasz wartościowe przedmioty.

Quality items bought and sold here.

Czy posiadasz złoto, biżuterię, srebrną zastawę i zegary, które nie są ci potrzebne? Zamień je na gotówkę lub wymień na coś, co ci się przyda.

Do you have gold, jewellery, silverware and clocks collecting dust? Turn them into cash or part exchange them for something you will use.

Zajrzyj do nas! Zapraszamy od poniedziałku do soboty w godzinach 9–17.30.

Why not pop in, Mon.–Sat. 9–5.30 p.m.

Płacimy najwyższe ceny.

Top price.

Ekspert doradzi.

Expert advice.

Miła obsługa

Courteous service

Stara i współczesna biżuteria

Antique and modern jewellery

Jubilerzy
Złotnik Teddington

Jewellers
The Teddington Goldsmith

18-karatowe złoto i platyna	18 ct Gold and Platinum
Obrączki ślubne	Wedding bands
Diamentowe pierścionki zaręczynowe	Diamond engagement rings
Naprawa – nowe oprawianie kamieni – wyceny	Repair – resetting – valuations

Szklarze   Glass merchants

Szkło przycinane na miarę, na poczekaniu	Glass cut to size while you wait
Kryształowe lustra	Bevelled mirrors
Altany ogrodowe ze szkła	Greenhouse glass
Wzmocnione i laminowane szkło	Toughened and laminated glass
Szklimy szyby wystawowe	Shop fronts re-glazed
Szklane dachy	Glass roofs

Sklep numizmatyczny   Coin collectors shop

Skupujemy monety, banknoty i medale:	We buy coins, banknotes and medals:
– wycena za darmo,	– free valuations,
– złote monety amerykańskie,	– United States gold coins,
– stare 5-funtowe banknoty, tzw. białe,	– white £5 notes,
– kolekcje monet,	– coin collections,
– płacimy najwyższe ceny.	– best prices paid.

Psów wprowadzać nie wolno.	No dogs.
Ze względu na higienę wprowadzanie psów do tych pomieszczeń jest zabronione.	In the interest of hygiene dogs are not allowed on these premises.

Sklep z płytami   Record store

Płyty z lat 50. i 60. poszukiwane.	50's and 60's records wanted.
Beatles, Elvis, Stones, Pink Floyd i inni artyści	Beatles, Elvis, Stones, Pink Floyd and other artists
Płacimy najlepsze ceny za płyty gramofonowe dobrej jakości.	Best prices paid for quality vinyls.

Sklep mięsny   Wholesale butchers

Wysokiej jakości towar o konkurencyjnych cenach:	Quality meat at competitive prices:

– wołowina,	– red meat,
– drób,	– poultry,
– dziczyzna,	– game,
– duży wybór delikatesów.	– full Deli.

Mięso ze zwierząt żywionych karmą naturalną   Natural fed meat

Piekarnia   Bakery

My pieczemy!   We are baking!
Ty jesz!   You are biting!

Wypiek i sprzedaż.   In store bakery.
Otwarte!   Now open.

Francuskie i duńskie wypieki   French and Danish Bakery
Codzienna dostawa   Daily deliveres
Chleb – bułki – ciasta   Bread – Rolls – Cakes

Sklep z łóżkami   Bed Store

50% zniżki na wiele towarów   50% off on many items

Megawyprzedaż   Mega sale

Ceny łóżek znacznie obniżone   Every bed slashed in price

Łóżka wodne   Waterbeds

Prosto z fabryki   Direct from the factory

Materace i tapczany   Mattresses and divans

Każdy kształt, każdy rozmiar łóżek-antyków   Any shape – any size for antique beds

Do łodzi i do pokoi o nietypowych kształtach, piętrowe i wysokie łóżka   Boats and unusual shaped rooms, bunk beds and high sleepers

Łóżka ortopedyczne   Orthopaedic beds

Sklep z odzieżą

Kup teraz – zapłać w kwietniu 2006.

Stroje ekskluzywne, koktajlowe, wieczorowe i na specjalne okazje
Rozmiary 8–20
Szyte na miarę ubiory dla osób o nietypowych sylwetkach
Przeróbki
Odnawianie

Kamieniarstwo

Fachowcy od marmuru, granitu, łupku, wapienia i kamienia
Blaty kuchenne
Blaty toaletek i ozdobnych półek
Kominki
Kładzenie płytek

Marmur kararyjski

Dostarczamy codziennie do wszystkich zakątków Londynu.

Czyściciele murów

Specjaliści usuwający graffiti ze ścian

Graffiti – fachowe usuwanie:
– pokrywanie graffiti specjalną farbą,
– usuwanie nielegalnych plakatów i śladów gumy do żucia,
– czyszczenie i odświeżanie murów,
– usuwanie napisów ze ścian i murów.

Zakład pogrzebowy

Pogrzeby według uznania

Dress Shop

Buy now – pay April 2006.

Exclusive, cocktails evening and special occasion wear
Size 8–20
Made to measure garments for the non average figure
Alterations
Re-styling

Stone masons

Specialists in marble, granite, slate, limestone and stone
Kitchen worktops
Vanity tops
Fireplaces
Cladding contracts

Carara marble

Delivering daily all over London.

Stone cleaners

Specialists in graffiti removal

Graffiti – professionally removed:
– anti-graffiti coatings,
– fly posters and gum removal,
– stone cleaning and restoration,
– paint removal from masonry.

Funeral Parlour

Funerals of your choice

Organizujemy pogrzeby:
– proste, niedrogie,
– tzw. przyjazne środowisku naturalnemu,
– z podkreśleniem szacunku i godności osoby zmarłej,
– zapewniamy rytuał religijny,
– udzielamy porad bez zobowiązań.

Create a funerals:
– simple, low cost options,
– eco-friendly,
– humanist ceremonie,
– religious rituals,
– advice without obligation.

Przede wszystkim musimy się spotkać, a więc zadzwoń do nas i ustal z Johnem, kiedy możesz przyjść na wstępne spotkanie (bez opłaty).

First of all we need to meet you so why not call us and speak to John to arrange an initial meeting (free of charge).

Dyplomowani księgowi

Indywidualna obsługa, ze zrozumieniem twoich potrzeb
Kamal Hosein i Spółka
Sprawdzanie ksiąg
Rachunki
Księgowość
Zarobki i zwrot VAT-u
Finanse
Wstępna konsultacja gratis

Chartered Accountants

Personal Service that understands your needs
Kamal Hosein & Co
Audits
Accounts
Book-keeping
Payroll & VAT return
Finance
Free initial consultation

Serwis TV

Zły odbiór?
Dzwoń po ekspertów.
Montujemy pełny zakres anten do wyboru.
Usuwamy usterki.
Montujemy nowe instalacje.
Telewizja satelitarna w każdym pokoju
Serwis w dniu zgłoszenia

T.V. Shop

Bad reception?
Call the experts.
Full range of aerials fitted.
Fault finding service.
New installations
TV/Satellite in every room
Same day service

Sprzedaż i wypożyczanie samochodów

Skupujemy używane samochody.

Car sales and hire

Approved used cars.

Wypożyczamy samochody.	Vehicles for hire.
Wypożyczamy samochody na krótki i długi termin.	Short or long term hire.
Na dzień, tydzień, miesiąc możliwość wypożyczenia wszystkich samochodów i vanów.	Daily, weekly, monthly hire available on all cars & vans.

Opieka nad zwierzętami domowymi   Pet care

Opieka nad kotami	Cat Protection
Znalezienie drugiego domu, kastracja, opieka i ogólne porady	Rehoming, neutering, welfare and general advice
Nauka posłuszeństwa	Basic pet obedience
Agresywne psy i koty	Aggressive pets
Destruktywne zachowanie	Destructive behaviour
Nadmierne szczekanie	Excessive barking
Szczeniaki mogą być tresowane od 7. tygodnia.	Puppies can be trained from 7 weeks old.

Pralnia chemiczna   Dry cleaners

Suknie ślubne	Wedding gowns
Kołdry i dywany	Duvets and rugs
Zamsz i skóra	Suede and leather
Zasłony – tapicerka	Curtains – upholstery
Eleganckie stroje wieczorowe	Fine evening dress

Salon fryzjerski   Hairdressing

Zakład fryzjerski z tradycjami – za darmo piwo lub kawa, można przyjść bez umawiania.	Traditional Barber shop – free beer, coffee, no appointment.
Afrokaraibscy i europejscy specjaliści, wszystkie trendy	Afro-caribbean and European specialists in all aspects of hair
Warkocze, sploty	Braiding, plaiting
Przedłużanie włosów	Hair extensions
Salon damsko-męski	Unisex salon

Zniżki dla emerytów, rencistów i studentów.	OAP (Old Age Pensioners) and students discounts
W piątki otwarte do późna	Late night Fridays
Mały, przyjazny zakład	Small friendly Salon

Mieszkania do wynajęcia   Flats to let

Kingston i Surbiton.	Kingston and Surbiton
Nowo umeblowane	Newly refurnished
Mieszkanie z jedną sypialnią 700 funtów miesięcznie	1 bedroom flat from £700 pcm
Mieszkanie z dwoma sypialniami 800 funtów (za miesiąc kalendarzowy).	2 bedroom flat from £800 pcm (per calendar month).
W cenę wliczone jest centralne ogrzewanie i opłaty za wodę.	All inclusive of central heating and water rates.

Płoty   Fences

Płyty na zakładkę	Overlap panels
Płyty przeplatane	Interwoven panels
Słupki i barierki	Post and rail
Panele z desek	Closed board panels
Ozdobne płotki	Diamond trellis

Wynajem sprzętu   Hire services – tools

Konkurencyjne ceny	Competitive prices
Ogromny wybór	Huge range
Szybka dostawa	Fast delivery
Wysoka jakość sprzętu	Quality equipment
Młoty pneumatyczne	Breakers
Betoniarki	Cement mixers
Piły elektryczne	Chainsaws
Rozdrabniarki	Chippers
Koparki	Excavators
Wózki widłowe	Fork lifts
Prądnice	Generators
Grzejniki	Heaters
Drabiny	Ladders

Narzędzia elektryczne	Power tools
Walce drogowe	Rollers
Szlifierki	Sanders
Pasujące do siebie rusztowania	Scaffold towers
Duże pojemniki na gruz, odpady budowlane	Skip loaders
Przyczepy	Trailers

Problemy z zatrudnieniem — Employment problems

Jeśli nie wygrasz w sądzie, nie płacisz.	No win, no fee.
Specjalizujemy się w prawie pracy.	We are low employment specialists.
Niesłuszne zwolnienia z pracy	Unfair dismissal
Zwolnienia z powodu redukcji zatrudnienia	Redundancy
Naruszenie warunków umowy o pracę	Breach of contract
Naruszenie praw obywatelskich	Human rights
Prześladowania na tle rasowym	Race discrimination
Prześladowania niepełnosprawnych	Disability discrimination
Równouprawnienie wszystkich obywateli	Equal opportunities

Niedrogie usługi prawne — Affordable legal services

Rozwód/rodzina	Divorce/family
Roszczenia powypadkowe	Accident claims
Sprawy sądowe	Litigation
Wykroczenia drogowe	Motoring offences
Problemy finansowe: osobiste lub w biznesie	Money problems: personal or business

Klosze i lampy — Shades and lamps

Lampy wiszące	Pendant lighting
Oświetlenie punktowe	Spot lighting
Projektowanie systemów oświetleń	Lighting design service

Roznosiciele ulotek — Leaflet distributors

Jesteś na emeryturze?	Are you retired?

Szukasz czegoś, by utrzymać formę, a jednocześnie zarobić pieniądze?

Looking to keep yourself in shape and to be paid at the same time?

Codziennie potrzebujemy roznosicieli ulotek:
– dostarczanie ulotek do 1000 domów za 40 funtów i więcej
– praca w promieniu 6 mil od Wimbledonu.

Leaflet distributors required daily:

– delivering leaflets to 1000 homes earning £40+
– to work within a 6 mile radius of Wimbledon.

Restauracja

Restaurant

Jedzenie i picie serwowane przez cały dzień

Food and drink all day

Chińskie pikantne jedzenie na wynos

Chinese hot meals to take away

Smakosz potraw orientalnych

Oriental Gourmet

Sala bankietowa

Function room

Obiad niedzielny podajemy między godziną 13.00 a 15.00.

Sunday lunch served between 1.00–3.00.

Sklep z kanapkami

Sandwich Shop

Świeże bułki i kanapki

Freshly cut rolls and sandwiches

Dostarczamy na miejsce niezależnie od tego, czy potrzebujesz półmiska kanapek za 5 funtów, czy też bufetu za 500 funtów.

We do deliveries whether you need a sandwich platter for £5 or a buffet for £500.

Pizzeria

Pizza Store

Jeśli kupisz jedną, druga gratis.

Buy one get one free.

Spróbuj jedzenia w naszej restauracji.

Try our restaurant.

Gorąca zupa
Gorące przystawki

Hot soup
Hot savouries

Gorące napoje	Hot drinks
Wszystko na wynos	All to take away

Pub

Zapraszamy całe rodziny.

Families welcome to eat here.

Toalety tylko dla klientów

Our toilets are for customers use only

Dania śniadaniowe przez cały dzień

All day breakfast

Otwarte w porze lunchu
Sobota–niedziela
Od 10.00 do 13.00.

Open for lunch
Saturday–Sunday
10.00 a.m.–1.00 p.m.

Ogródek piwny na tyłach pubu

Beer garden at rear of pub

Rożen

Barbecue

Kanał Sky! Sport na żywo!

Sky! Sports live here!

Skup złomu

Poszukujemy złomu.

Scrap metal wanted.

Płacimy od razu gotówką lub czekiem za miedź, mosiądz, ołów, aluminium, stal nierdzewną i druty miedziane.

Instant cash or cheque paid for copper brass, lead, aluminium, stainless steel and PCV cables.

Licencjonowany przewóz odpadów

Licensed waste carrier

Wyburzanie i sprzątanie terenów wokół fabryk

Demolition and factory sites cleared

Duże lub małe ilości złomu odbieramy z siedziby klienta.

Large or small quantities bought on premises.

Dorabianie kluczy

Świadczymy usługi dorabiania kluczy. Miła obsługa, konkurencyjne ceny, akceptujemy karty kredytowe.

Kieszonkowcy będą karani.

Sklep prowadzony przez organizacje charytatywne

Fara – sklep sprzedający dary przynoszone przez ludzi

Prosimy o niepozostawianie darów na chodniku, kiedy sklep jest zamknięty.

Pożądane są dary dobrej jakości.
– Odzież
– Rzeczy ozdobne, bibeloty
– Książki i płyty kompaktowe

Prosimy o przynoszenie wszystkich rzeczy, jakie chciałbyś nam ofiarować.
Dziękujemy!

Prosimy o niepozostawianie darów pod sklepem, kiedy jest zamknięty, bo mogą zostać zniszczone lub skradzione.

Nie przyjmujemy darów po 12.00 w południe.

Key cutters

Key cutting services available. Friendly staff, competitive prices, credit cards accepted.

All shoplifters will be prosecuted.

Charity Shop

Fara – charity shop selling items that have been donated by people.

Please do not leave donations on the pavement when shop is closed.

Wanted donations of good quality.
– Clothing
– Bric-a-brac
– Books and CDs

Please bring any items you wish to donate to this shop.
Thank you!

Please do not leave donations outside the shop when closed, as they could get damaged or stolen.

No donations accepted after 12 midday.

LONDYŃSKIE TERENY ZIELONE

LONDON'S COMMONS

W Londynie jest dużo wspaniałych parków.

There are plenty of beautiful parks in London.

Richmond Park, Kew Gardens i Bushy Park to niektóre z nich.

Richmond Park, Kew Gardens and Bushy Park are just some of them.

Każdy ma swoje charakterystyczne cechy, z których słynie.

Each one of them has its own distinctive characteristics which the park is famous for.

Kew Gardens jest znany na całym świecie z bogactwa gatunków roślin.

Kew Gardens is famous all over the world for its wide variety of all kinds of plant specimens.

Są tu kwiaty, krzewy ozdobne, krzaki i drzewa sprowadzone z wielu krajów.

There are flowers, shrubs, bushes and trees brought here from countries all over the world.

Richmond Park i Bushy Park słyną z bardzo starych kasztanowców i platanów, jak również z jeleni oraz innych dzikich gatunków roślin i zwierząt.

Richmond and Bushy Park are famous for very old chestnut and plane trees, also for their deer and other wild life.

Tereny tych parków są ogrodzone, aby zapobiec uciekaniu jeleni.

The grounds of these parks are fenced off in order to prevent the large population of deer from escaping.

PARK CLAPHAM COMMON

CLAPHAM COMMON

Słowo „pospolity" może oznaczać zwykły lub przyziemny i jest używane do określania ludzi o kiepskich manierach lub nieposiadających ich wcale, ludzi nieokrzesanych i wulgarnych.

The word "common" can mean ordinary or mundane and is used to describe people with little or no manners, a rather coarse, vulgar type of person.

Oznacza ono również posiadanie czegoś, co jest wspólne, a więc np. kawałka ziemi, który może być używany przez każdego, każdy ma prawo do tej ziemi.

It also means something which is shared by many, as in "common sense" and in this sense it is used to describe a piece of land which is for the use of everyone, all people have a right to it.

W dawnych czasach mieszkańcy wiosek uprawiali ziemię i wypasali krowy i owce na terenach publicznych.

In olden days, villagers grew crops and grazed cows and sheep on common lands.

Te publiczne tereny zielone są dzisiaj miejscem rekreacji dla mieszkańców miast i wsi, a zarządzają nimi lokalne władze.

These commons are today used as recreational areas by inhabitants of every town and village, and are administered by local Councils.

W Londynie jest mnóstwo terenów wypoczynkowych tego typu.

London has a lot of common land.

Jednym z największych i najczęściej uczęszczanych jest Clapham Common.

One of the biggest and the most frequently visited commons is Clapham Common.

Jest to ogromny teren, tysiące akrów zielonej trawy i stawów, otoczony przez dorodne platany i kasztany.

It is a vast area, thousand of acres of green grass and ponds surrounded by mature plane trees and chestnut trees.

Wokół terenów zielonych biegną drogi, które przedzielają je na mniejsze części.

Around the outskirts of common there are roads dividing the common into smaller sections.

Miejskie tereny zielone znajdują się w samym centrum miasta, piętnaście minut spacerem w górę od stacji kolejowej Clapham Junction.

The common is situated in the centre of the town, fifteen minutes walk uphill from Clapham Junction Railway Station.

Rośnie tam trawa typu dywanowego, bardzo krótka, gęsta, bujna, bez żadnych chwastów.

The grass on the ground is very short and dense, lush without any clumps of weeds.

Jest ona pielęgnowana z wielką starannością przez lokalne władze miejskie.

It is carefully tended by the local Council.

Właściciele psów zawsze pilnują swoich ulubieńców, nie pozwalając im zanieczyszczać ścieżek czy trawy.

Dog owners always keep their pets under control and don't let the animals foul the footpaths or grass.

W ten sposób tereny zielone są zawsze gotowe na przywitanie swych gości.

Thus, the Common is always ready to greet its visitors.

Każdy jest tu mile widziany!

Everybody is welcome there!

MAJÓWKA NA BŁONIACH

PICNIC ON THE COMMON

Jest gorąca majowa niedziela, wczesne popołudnie.

It's early Sunday afternoon on a very warm May day.

Na błoniach w Clapham są tysiące ludzi.

There are thousands of people on Clapham Common.

Spacerują, biegają, skaczą, leżą, stoją, siedzą, ćwiczą i grają.

They walk, run, jump, lie, stand, sit, exercise and play.

Rozmawiają, krzyczą, śmieją się i śpiewają.

They talk, shout, laugh and sing.

Można tu usłyszeć wiele dialektów i języków.	*Many dialects and languages are able to be heard.*
Są tu rodziny z dziećmi i dziadkami siedzącymi na składanych ogrodowych krzesłach przyniesionych specjalnie na tę okazję.	*There are families with children and with their grandparents sitting on unfolded garden chairs brought especially for this purpose.*
Trwa małe przyjęcie.	*There is a small party going on.*
Ludzie robią grilla.	*They are having a barbecue.*
Z przypiekających się kurczaków, kiełbas i steków unosi się dym.	*Smoke bellows out from the grilled chicken, sausages and steaks.*
Uczestnicy przyjęcia popędzają kucharza, aby spieszył się ze smażeniem, ponieważ wszyscy są głodni.	*The party goers are pushing the cook to hurry up with the food as they are all starving.*
Kucharz w fartuchu na dużym brzuchu z ogromnym zapałem przewraca kawałki mięsa.	*The cook, an apron over his big belly, is frantically turning over the cuts of meat.*
Pieczenie na rożnie jest na terenach zielonych nielegalne z powodu niebezpieczeństwa pożaru, a poza tym dym przeszkadza innym ludziom.	*Barbecues on the common are illegal because of the fire hazard, and also because the smoke disturbs other people.*
Gdyby policja parkowa zauważyła tych ludzi, ukarano by ich wysoką grzywną.	*If the park Police had noticed this group, they would have been fined a considerable amount of money.*
Grupa kobiet po trzydziestce siedzi w kółku na trawie.	*A group of woman in their early thirties sit on the grass in a circle.*

Dzień jest gorący i słoneczny, ale one siedzą ubrane staromodnie. W bluzkach zapiętych wysoko pod szyję, bez śladu makijażu.

The day is very hot and bright but they are dressed in an old fashioned, prudish way. With high buttoned blouses, with no make-up on.

Śpiewają pieśni z księgi hymnów, głęboko skupione na tym, co robią.

They are singing songs from a hymn book, concentrating very hard on what they are doing.

Rodzice, którzy są w pobliżu, proszą dzieci, aby zostawiły śpiewające osoby w spokoju i nie denerwowały ich.

The parents nearby tell the children to leave the singers in peace and not to annoy them.

Mężczyzna leży na brzuchu z głową na teczce, odpoczywa i cieszy się słonecznym dniem.

A man is lying on his stomach with his head on his briefcase, having a rest and enjoying the sunny day.

Dwoje młodych ludzi urządziło sobie piknik.

A young couple are having a picnic.

Siedzą na kocu i wyciągają jedzenie z wiklinowego koszyka na obrus.

They sit on a blanket and are busy taking food from a straw basket on the table cloth.

Para w średnim wieku spaceruje, trzymając się za ręce i patrząc sobie głęboko w oczy.

A middle aged couple are holding each others hands and looking deeply into each others eyes as they walk.

Szukają jakiegoś ustronnego miejsca.

They seem to be looking for a secluded place.

Ala każde jest dla nich nieodpowiednie.

But no place is suitable for them.

Po prawej jest rodzina z wrzeszczącymi dziećmi.

On their right there is a family with screaming children.

Po lewej mężczyźni w dresach robią pompki i skaczą przez skakankę.

On their left a group of men wearing sporting kit are doing their push-ups and skipping.

Za dużo zamieszania!
Muszą poszukać innego miejsca.
To nie jest łatwe.
Gdziekolwiek pójdą, wszędzie są ludzie.

Para w średnim wieku rozgląda się jeszcze raz wkoło i decyduje się usiąść w pobliżu grupy ludzi w podeszłym wieku, na wózkach inwalidzkich.

Mamusie i tatusiowie, osoby samotne i pary, dzieci i nastolatkowie, starzy i nowi mieszkańcy tego kraju stanowią małą reprezentację tego wielokulturowego społeczeństwa, gdzie każdy może żyć w zgodzie z drugim człowiekiem w myśl zasady: żyj i daj żyć innym.

Too much commotion!
They have to find another place.
It's not easy.
Wherever they go, there are always people around.

The middle aged couple take another look around and decide to sit close to a group of very old people sitting on their mobility scooters.

Mums and dads, singles and couples, children and teenagers, old and new residents form a small representation of a multicultural society where everyone can live harmoniously together in a spirit of live and let live.

PARK HAMPSTEAD HEATH

Hampstead Heath znajduje się na północy Londynu.

Oprócz piękna, które można odnaleźć w różnorodności małych pagórków, rozległych i licznych drzew i krzewów, ten park ma coś, czego nie mają inne parki.

Są w nim trzy duże stawy, w których można pływać: jeden tylko dla kobiet, drugi tylko dla mężczyzn i ostatni staw wspólny dla wszystkich kąpiących się.

Dlatego Hampstead Heath jest tak popularny.

STAWY

Ludzie spacerują wzdłuż i wszerz, włóczą się bez celu i opalają się.

Dziewczyny podziwiają mężczyzn.

Mężczyźni wlepiają wzrok w dziewczyny ubrane w skąpe kostiumy kąpielowe.

Dookoła rozlega się śmiech.

Na molo jest kilkunastu mężczyzn.

Niektórzy wpychają innych do wody.

HAMPSTEAD HEATH

Hampstead Heath is in the north of London.

Apart from its beauty, which is found in its variety of small hills, vast heath lands and abundance of bushes and trees, it has something that no other park has.

It has three large swimming ponds: one for ladies only, one for men only and the last one is for mixed bathing.

Therefore Hampstead Heath is so famous.

PONDS

People walk up and down, roam aimlessly, and sunbathe.

The girls admire the men.

The men ogle the girls in their skimpy swimming costumes.

A laugh passes around.

There are several men on the pier.

Some of them are pushing each other into the water.

Myślą, że jest to bardzo zabawna czynność!	*They think this is a highly amusing activity!*
Woda zmienia tych mężczyzn w dokazujących chłopców.	*The water seems to turn these men into boisterous boys.*
Piłka lata nad moją głową, może mnie uderzy, a może nie.	*A ball flies over my head, it may or may not hit me on the head.*
Mam tego dosyć!	*I've had enough!*
Decyduję się wyjść z wody.	*I decide to get out.*
Muszę się przecisnąć przez tłum ludzi na molo, głównie mężczyzn eksponujących swoje ciała, wciągających brzuchy.	*I have to push through a throng of mostly men exposing their bodies, sucking in their stomachs on the pier.*
Biorę prysznic i wychodzę.	*I take my shower and I am out.*
Przede mną rozległa, zacieniona i słoneczna przestrzeń.	*There is a vast shadowy and sunny space in front of me.*
Jakie piękne miejsce!	*What a beautiful place!*
Okazałe drzewa, rozległa, piękna przestrzeń, która mnie otacza.	*These mature trees, this vast beautiful space all around me.*
Poruszanie się nie jest dziś łatwym zadaniem.	*Moving forward is not an easy task today.*
Jest upał.	*There is a heatwave.*
Temperatura wynosi około 30°C.	*The temperature is about 30°C.*
Po przeszło godzinie na tym prażącym słońcu czuję, że potrzeba mi znowu ochłody.	*After more than an hour of this scorching sun I feel I need to cool down again.*

Jest staw dla pań, gdzie mogę popływać.   *There is a ladies pond where I can take a swim.*

Zbliżam się do tego niezwykłego miejsca.   *I approach this curiosity.*

Grupy pań w różnym wieku również podążają w tym kierunku.   *Groups of ladies of various ages are walking in that direction too.*

Staw kąpielowy dla pań jest ogrodzony i zamknięty.   *The ladies swimming pond is fenced off and closed.*

Te środki ostrożności podjęto przeciwko ciekawskim przechodniom, ekshibicjonistom, podglądaczom i podejrzanym ludziom, którzy nie są tutaj mile widziani.   *These precautious are against any curious passers by, exhibitionists, voyeurs and any other sort of dubious people who are not welcome here.*

Tutaj jest cicho.   *Silence prevails here.*

Dzieciom nie pozwala się tu wchodzić, dlatego że mogłyby przeszkadzać krzykami, wrzaskami, rzucaniem piłki, ale też głównie dlatego, żeby panie nie czuły się skrępowane.   *Children are not allowed in, as they could disturb the ladies in the pond with their shouting, screaming, throwing balls, jumping in and generally making the ladies feel uncomfortable.*

Przestrzeń koło stawu nie jest duża, więc kobiety są gęsto stłoczone.   *The area of land here is not large so the women's bodies are packed together densely.*

Gdziekolwiek się udasz, poszukując wolnego miejsca, musisz przechodzić obok nich.   *Wherever you go to look for a place, you have to pass them.*

Panie zazwyczaj zajmują ławki wzdłuż kilku małych ścieżek.   *They usually occupy benches alongside a few small paths.*

Staw kąpielowy dla pań jest bardzo głęboki i ma ciemnozielony kolor.   *The ladies' swimming pond is very deep and of a dark green colour.*

Woda z rzeki dostarcza do stawu świeżej, bardzo zimnej wody.

River water provides a constant supply of fresh, very cold water to the pond.

Damski staw kąpielowy jest prawie w całości otoczony drzewami, co daje poczucie ochrony i bezpieczeństwa.

Trees almost surround the ladies' pond which gives a feeling of shelter and security.

Żadna z pań nie skacze do wody ani nie nurkuje.

Not one lady jumps or dives into the water.

Do mola jest przytwierdzona bardzo stroma, prawie prostopadła drabina.

There is a very steep, almost perpendicular ladder attached to the pier.

Każda z pań schodzi po niej, powoli zanurzając się w wodzie.

Each of the ladies steps down it slowly, easing themselves into the water.

Kontakt ciepłego ciała z przeraźliwie zimną wodą może spowodować szok termiczny.

The meeting of a warm body and freezing water can cause thermal shock.

Z każdym krokiem w dół powstrzymuję oddech, aby oswoić się z niską temperaturą.

One step deeper, I hold my breath to adapt to the lower temperature.

Zanurzam się w wodzie, jedynie głowa wystaje mi ponad powierzchnię.

I lower myself into the water leaving my head sticking out above the surface.

Szok termiczny jest dla mnie nie do zniesienia.

The shock to my body is almost unbearable.

Chyba nie jestem w stanie wytrzymać w tak lodowatej wodzie.

I think I can't stand these freezing conditions.

Marzę tylko o tym, by być natychmiast z powrotem na słońcu.

My only desire is to be back immediately under the sun.

Za późno!

It's too late.

Jestem w miejscu, z którego nie ma odwrotu.	*I am past the point of no return.*

Na drabinie, na której byłam jeszcze chwilę temu, jest już inna „ofiara", która robi dokładnie to samo, co ja przed chwilą, a za nią podąża kolejna osoba.

On the ladder on which I was just a moment ago, there is another "victim", who is doing exactly what I was doing, and above her another "victim" follows.

Lepiej zacznę się cieszyć tym, co mam.

I'd better start to enjoy it.

Po czasie, który wydaje się nieskończenie długi, kiedy mam wrażenie, że nie zniosę już tych niesprzyjających warunków, odczuwam pierwsze oznaki poprawy samopoczucia.

After what seems an age of thinking I can't bear these unfriendly conditions the first signs of improvement are felt.

Woda zdaje się być trochę cieplejsza i przyjemniejsza.

The water feels a little warmer and more pleasant.

Temperatura wody mnie koi!

The water's temperature soothes me!

Słońce świeci, woda chłodzi, a piękne otoczenie czyni mnie szczęśliwą.

The sun shines but the water cools you down and the beautiful surroundings make me feel happy.

Szczęście, które mogłoby trwać wiecznie.

A happiness I wish would last forever!

BUSHY PARK

Bushy Park jest Królewskim Parkiem, w którym mieszkają jelenie.

Są tutaj pod ochroną Agencji Ochrony Środowiska oraz policji parkowej.

Zostawia im się wolność, aby mogły wędrować, gdzie zechcą.

JELENIE

Jedziemy do domu przez Bushy Park.

Wjeżdżamy powoli, ponieważ dozwolona szybkość w parku wynosi 30 mil na godzinę.

Wlokąc się za innymi samochodami, podążamy w kierunku okrągłego stawu z pomnikiem i fontanną na środku.

Mijamy staw i zmierzamy w kierunku wyjścia w Teddington.

Z obydwu stron drogi rozciąga się rząd kasztanowców.

Niektóre z nich pamiętają czasy króla Henryka VIII, niektóre są młodsze.

BUSHY PARK

Bushy Park is a Royal Park which gives a permanent home to the deer.

They are protected here by the Environmental Agency and the Park Police.

They are left to roam free.

THE DEER

We go home through Bushy Park.

We drive in slowly as the speed limit is 30 miles per hour in the park.

Crawling behind other cars we push forward, approaching a pond with a monument and a fountain in the middle.

Leaving the pond behind us, we head straight on towards the exit in Teddington.

A line of chestnut trees stretches alongside the road.

Some of these chestnut trees go back to the time of Henry the VIII, some of them are younger.

Każde drzewo ma drewniane zabezpiecze-nie, rodzaj płotu, który uniemożliwia je-leniom i sarnom obgryzanie kory z drzew.

Each tree has a wooden protection, like a fence, which prevent the deer from eating the bark.

Gałęzie są 2 metry od ziemi, ponieważ jelenie wspinają się i zjadają niższe gałę-zie i liście.

The branches are 2 metres from the gro-und because the deer climb up and eat the lower branches and leaves.

Drzewa wyglądają tak, jakby ogrodnik przystrzygł je starannie.

The trees look as if a gardener has trim-med them carefully.

Na Alei Kasztanów ruch zostaje wstrzy-many, kiedy jelenie podchodzą do drogi, aby ją przekroczyć.

All traffic stops on the Chestnut Avenue when the deer approach the road with the intention of crossing.

Nikt nie wie, co będzie potem.

Nobody knows what will happen next.

Można tylko czekać.

To wait is the only option.

Zderzenie z tym szybko skaczącym zwie-rzęciem mogłoby spowodować śmiertel-ny wypadek jelenia albo człowieka.

A collision with this fast moving animal could be fatal for the deer or for the man.

Grzywna za zabicie królewskiego jelenia wynosi 1000 funtów, jako że wszystkie one są własnością królowej.

The fine for killing the royal deer is £1000, as all of them belong to the Queen.

Dlatego też obie strony patrzą na siebie i czekają.

That's why the driver and the deer often look at each other and wait.

Czasami to czekanie przedłuża się i za-czyna się tworzyć bardzo długi sznur sa-mochodów, ale nic się nie zmienia.

Sometimes this waiting continues for some time and a very long queue of cars starts to build up, but nothing changes.

Nikt się nie niecierpliwi.

This incident doesn't make anybody an-gry and impatient.

Wprost przeciwnie, myślę że ludzie są dumni, że są uczestnikami takiej sceny.

On the contrary I think people are proud of such a scene.

Jedziemy powoli do przodu wśród innych samochodów.

We move slowly forward in the stream of other vehicles.

Po naszej lewej stronie, piętnaście metrów od drogi, widać stado jeleni.

On our left side, fifteen metres from us, the herd of deer are busy.

Stoją, spacerują, pasą się na trawie, patrzą na nas.

Standing, walking, grazing, looking at us.

Te piękne zwierzęta potrzebują opieki, aby przyszłe pokolenia również mogły się nimi cieszyć.

These lovely animals need to be taken care of so that future generations can enjoy them too.

KŁOPOTY ZE ZDROWIEM

HEALTH PROBLEMS

Kiedy podczas pobytu w Zjednoczonym Królestwie poczujesz się źle, możesz zgłosić się do lekarza.

When you are in the UK you can go to the doctor for treatment.

Jesteś gościem w tym kraju, więc masz prawo do bezpłatnej opieki lekarskiej.

You are a visitor to this country so you are entitled to free medical care.

Przede wszystkim powinieneś zarejestrować się u lekarza w ciągu tygodnia od przyjazdu.

But first you need to register with a G.P. (General Practitioner) within a week of your arrival.

Dowiedz się od przyjaciół czy sąsiadów, jaki jest adres twojej przychodni, i sprawdź godziny przyjęć.

Find out from friends or neighbours the address of your local practice, and check their opening times.

Większość przychodni jest otwarta nawet wczesnym wieczorem, co jest bardzo dogodne dla ludzi, którzy w ciągu dnia pracują.

Most are open in the early evening which is practical for people who work during the day.

Z dentystą sytuacja wygląda trochę inaczej.

At the dentist the situation is slightly different.

Musisz płacić nawet wtedy, kiedy dentysta wykonuje usługi w ramach państwowej służby zdrowia.

You have to pay there even if it is NHS dentist.

Jeśli jesteś poszkodowany w wyniku wypadku, zostaniesz zabrany do szpitala.

If you are involved in an accident you will be taken to a hospital.

Pogotowie ratunkowe w Zjednoczonym Królestwie jest bezpłatne.

The NHS Accident and Emergency department is free of charge in the U.K.

Jeśli jesteś chory i chcesz pójść do lekarza rodzinnego, upewnij się, że jesteś w stanie wyjaśnić mu w języku angielskim symptomy twojej choroby.

If you are ill and need to see your G.P. make sure that you can explain your symptoms in English.

Korzystając ze słownika, powinieneś wynotować wszystkie objawy.

With the help of your dictionary you should jot down all the symptoms of your complaint.

To umożliwi twojemu lekarzowi postawienie właściwej diagnozy.

This will enable your doctor to diagnose your illness.

Wszystkie charakterystyczne cechy wymienione poniżej powinny być traktowane jako nagłe wypadki.

All the conditions listed below should be considered as emergencies.

Utrata przytomności lub zawroty głowy.

Unconsciousness or dizziness.

Silny krwotok połączony z wymiotami lub krwotok z dróg rodnych lub odbytu, a także z ran, który trwa dłużej niż kilkanaście minut.

Heavy blood loss which involves vomiting, or passing blood from the front or back passage or wounds that continue to bleed for more than several minutes.

Podejrzenie złamania lub pęknięcia kości. Ból lub opuchlizna mogą wskazywać na złamanie wewnętrzne. Nie ruszać poszkodowanego i zadzwonić pod nr tel. 999 po karetkę pogotowia.

Suspected broken or fractured bones. Pain or swelling may indicate a fracture. Do not move the patient and phone 999 for an ambulance.

Podejrzenie o atak serca
Objawy obejmują uczucie miażdżącego bólu w klatce piersiowej, który promieniuje do szyi, szczęki lub ramion, zwłaszcza lewego ramienia.

A suspected heart attack
Symptoms include a crushing chest pain that may spread to the neck, jaw, or arms, particularly the left one.

Trudności z oddychaniem, mdłości i wymioty.
Utrata tchu lub płytki oddech.

Difficulty in breathing, nausea or vomiting.
Panting or feeling short of breath.

Silny atak astmy
Objawy: kaszel, świszczący oddech, utrata tchu, uczucie dławiącego bólu w klatce piersiowej.

A severe asthma attack
Symptoms include coughing, wheezing breathlessness and a tight chest.

Udar, wylew
Objawy: zawroty głowy, oszołomienie, paraliż, ślinotok, silny ból głowy i utrata przytomności.

Stroke
The symptoms can include dizziness, confusion, paralysis, dribbling, a blinding headache and loss of consciousness.

Konwulsje
Mogą być następstwem padaczki, ran głowy, zatrucia, niedotlenienia mózgu, wysokiej temperatury u niemowląt i dzieci.

Convulsions
These can be caused by epilepsy, head injuries, poisoning, lack of oxygen to the brain, and very high temperatures in babies and children.

Podejrzenie zapalenia opon mózgowych
Objawy rozwijają się szybko. Należą do nich: gorączka, sztywność karku, światłowstręt, mdłości, wymioty i czerwona wysypka, która nie znika przy ucisku.

Suspected meningitis
Symptoms develop rapidly and include fever, severe headache, stiff neck, intolerance of light, nausea and vomiting and a red rash that does not fade when pressed.

Urazy głowy i szyi
Objawy obejmują: bladość skóry, krwotok z nosa, uszu oraz czaszki i nienormalnie rozszerzone źrenice.
Jeśli podejrzewasz u kogoś wystąpienie wstrząsu mózgu (na skutek uderzenia), szukaj pomocy u lekarza, niezależnie od tego, jak czuje się chory.

Head or neck injury
Symptoms can include a pale complexion, bleeding from the nose, ears or scalp, and dilated pupils.
If you suspect concussion (shaking of the brain caused by a blow) seek help from your doctor no matter how well the sufferer seems.

Nagły ostry ból brzucha

Zwłaszcza jeśli występują wymioty lub utrata krwi – może to wskazywać na zapalenie wyrostka robaczkowego, zapalenie trzustki albo perforację jelita.

Zatrucie

Dotyczy wypadków związanych z dostępem do domowych środków czyszczących, chemikaliów, lekarstw i alkoholu.

Zatrucia pokarmowe z trudnymi do opanowania wymiotami, trwające ponad 2 dni u dorosłych (u dzieci krócej), mogą wymagać leczenia szpitalnego na oddziale intensywnej terapii.

Silna reakcja alergiczna

Objawy takie jak: nagła wysypka, opuchlizna wokół warg, twarzy i trudności z oddychaniem.
Może spowodować nagłe obniżenie ciśnienia krwi i utratę przytomności.

Atak cukrzycy

Zbyt wysoki lub zbyt niski poziom cukru we krwi może spowodować utratę przytomności i śpiączkę, co wymaga natychmiastowej pomocy lekarskiej.

Sudden severe abdominal pain

Particularly if associated with vomiting or loss of blood, may indicate appendicitis, inflammation of the pancreas, or perforation of the bowel.

Poisoning

This includes accidents involving household cleaners and chemicals, medicines and alcohol.

Food poisoning with uncontrollable vomiting for more than two days in adults (less in children) may require treatment at Accident and Emergency.

A severe allergic reaction

Symptoms include a sudden rash, swelling around the lips, on the face and difficulty in breathing.
It can cause a sharp drop in blood pressure and loss of consciousness.

Diabetic attack

Too much or too little blood sugar can cause a loss of consciousness and coma. It requires immediate emergency help.

ZWROTY PRZYDATNE W SZPITALU

HOSPITAL EXPRESSIONS

Mam nadzieję, że nigdy nie znajdziesz się w szpitalu, ale jeśli już tam trafisz, oto kilka użytecznych wskazówek, o co i jak pytać personel pielęgniarski w sprawach osobistej opieki.

I hope that you never find yourself in hospital but if you do there are some useful hints on what to ask and how to ask the nursing staff about personal care.

Jeśli chcesz się załatwić, mówisz:
„Chcę oddać mocz, siostro".

If you need to pass water say:
"I have to urinate, nurse".

Jeśli zmoczyłeś lub ubrudziłeś kałem łóżko, powiedz:
„Przykro mi, nie zdążyłem do toalety, aby oddać mocz i zmoczyłem łóżko".
„Czy mogę prosić o zmianę prześcieradła?"

If you wet the bed or soil the sheets, say:

"Sorry, I couldn't manage to get to the toilet to urinate so I wet myself".
"Can you change my sheets, please?"

Pielęgniarka może cię zapytać:
„Czy wypróżniałeś się ostatnio?"

The nurse might ask you:
"Have you opened your bowels lately?"

„Niestety, nie.
Chyba mam zatwardzenie".

"No, I'm sorry, I have not.
I think I am constipated."

Pielęgniarka może powiedzieć:
„Proszę się nie martwić, lekarz zalecił, by zrobić panu lewatywę".

The nurse might say:
"Don't worry, we are going to give you an enema on doctor's orders".

Czasami zdarza się, że jesteś przykuty do łóżka, nie możesz wstać, by pójść do toalety.
„Czy mógłbyś przynieść mi nocnik?"

You are sometimes bedridden and cannot get up to use the toilet.

"Could you bring me a bedpan, please?"

Tylko wtedy, kiedy pyta cię lekarz: „Jak się dzisiaj czujesz?", możesz odpowiedzieć, jak się rzeczywiście czujesz!

It is only when you are asked by a doctor "How are you today?", that you can answer how you really feel!

„Kręci mi się w głowie i jest mi niedobrze".

"I feel dizzy and nauseated".

„Och, moja rana wciąż krwawi, potrzebuję świeżego opatrunku".

"Oh, my wound is still bleeding, I need a fresh dressing."

„Te odleżyny na moich plecach zrobiły się bardzo bolesne".

"These bedsores on my back have become very painful".

„Dzisiaj omal nie zemdlałem!"

"I nearly fainted today!"

Mam nadzieję, że nigdy nie będziesz musiał użyć tych zwrotów.

I hope you never have to use these expressions!

Bądź zdrów!

Stay healthy!

ZDROWIE PSYCHICZNE

MENTAL HEALTH

Jeśli zauważysz u siebie jakieś poważne zaburzenia emocjonalne, takie jak depresja, udaj się do lekarza po poradę.

If you experience severe emotional difficulties such as depression, see your doctor for advice.

W poważnych przypadkach możesz się udać po pomoc do przychodni lub do oddziału pogotowia w najbliższym szpitalu.

In an emergency you can go to an emergency walk-in clinic or A&E (Accident and Emergency) Department of your local hospital.

Przydatne numery, gdy potrzebujesz wsparcia i informacji

Useful numbers for support and information

Zdrowie psychiczne 0 845 767 8000 – linia pomocy
Czynna codziennie od 12.00 do 2.00 w nocy

Saneline: 0 845 767 8000

Open daily 12 p.m.–2 a.m.

MIND (psychika): 0 8457 660 163

MIND: 0 8457 660 163

Telefon zaufania

Confidential helpline

Samarytanie: 0 8457 909 090

Samaritans: 0 8457 909 090

Całodobowa pomoc dla każdego, kto:
– jest umysłowo chory,
– ma poważne trudności z nauką,
– jest śmiertelnie chory.

24 hor helpline for everyone
– has severe mental illness,
– has severe learning disability,
– is terminally ill.

NARKOTYKI

DRUGS

Używanie narkotyków jest nielegalne.

It is illegal to use drugs.

Rodzaje narkotyków i skutki ich zażywania:

Type of drug (and effects):

Rozpuszczalniki
Zmieniają nastrój i sposób spostrzegania.

Solvents
Alter mood and perception.

Halucynogenne
Wywołują halucynacje. Zmieniają nastrój i postrzeganie świata, czasowo zniekształcają rzeczywistość.

Hallucinogens
Alter mood and perception temporarily and distort reality.

Stymulatory
Przyspieszają pracę centralnego systemu nerwowego.

Stimulants
Speed up the action of the central nervous system.

Środki uśmierzające ból
Pozostawiają niedobre skutki w centralnym systemie nerwowym.

Pain killers
Affect the central nervous system.

Środki uspokajające
Działają uspokajająco na centralny system nerwowy.

Tranquillisers
Relax the central nervous system.

***

***

Pamiętaj, że wszystkie narkotyki uzależniają.
Ludzie sięgają po narkotyki z wielu powodów:

Remember that all drugs are open to abuse.

People have many reasons for using drugs:

– aby powiedzieć, że się je próbowało,
– ponieważ sprawia im to przyjemność,
– aby móc uczyć się w nocy,
– aby stać się bardziej twórczym,
– aby zabić nudę,
– aby uciec od problemów,
– aby sprawdzić, jak to jest,
– aby przestać się zamartwiać,
– aby poprawić sobie samopoczucie,
– aby być pewniejszym siebie,
– aby lepiej współdziałać z ludźmi.

– to say they have tried them,
– because they enjoy them,
– to help them study all night,
– to become more creative,
– to relieve boredom,
– to escape from their problems,
– just for the experience,
– to stop them worrying,
– it blows their mind,
– for self confidence,
– to help them get on with people.

***

***

Każdy młody czlowiek może się znaleźć w sytuacji, że ktoś zaproponuje mu narkotyki.
Nie daj się zmusić do ich zażycia.

As young people you'll find yourselves being offered drugs.

Don't be pressured into taking them!

Poznaj fakty!

Know the facts!

Tolerancja na narkotyki znaczy, że zażywając regularnie narkotyki musisz stale zwiększać dawkę, aby uzyskać ten sam skutek.

Tolerance means that with regular use you need to increase the dose of drug to achieve the same effect.

Uzależnienie się (nałóg) oznacza, że nie możesz żyć bez narkotyków.

Dependence (addiction) that means you cannot live without drugs.

Wyjście z nałogu jest możliwe pod warunkiem odpowiedniego leczenia.

Addiction is curable with the right treatment.

Narkotyki a prawo

Drugs and the law

Kary

Penalties

Typy narkotyków

Types of Drugs

Klasa A
Narkotyki, do których należą: heroina, morfina, kokaina, LSD, metadon, ecstasy.

Za posiadanie:
do 7 lat więzienia lub kara pieniężna według uznania sędziego albo obie kary łącznie.

Za wytwarzanie i rozprowadzanie:
więzienie – nawet dożywocie, wysoka grzywna lub obie kary łącznie.

***

Klasa B
amfetaminy, kodeina, cannabis, DF 118.

Za posiadanie:
do 5 lat więzienia, wysoka grzywna lub obie kary łącznie.
Jeśli są gotowe do wstrzyknięcia – do 7 lat więzienia.

Za wytwarzanie i rozprowadzanie:
do 14 lat więzienia lub wysoka grzywna lub obie kary łącznie.

Jeśli są gotowe do wstrzyknięcia – dożywocie.

***

Klasa C
benzodiazepiny – temazepan, librium, valium.

Class A
drugs include: heroine, morphine, cocaine, LSD, methadone, ecstasy.

For possession:
up to seven years of imprisonment, or an unlimited fine or both.

For drug production or dealing:
up to life imprisonment, or an unlimited fine or both.

***

Class B
drugs include amphetamines, codeine, cannabis, DF 118.

For possession:
up to five years imprisonment or an unlimited fine or both.
If prepared for injection up to seven years imprisonment.

For production or dealing:
up to fourteen years or an unlimited fine or both.

If prepared for injecting life imprisonment.

***

Class C
drugs includes benzadiasepines – temazepan, librium, valium.

Za posiadanie:
przestępstwem jest posiadanie narkotyków gotowych do wstrzyknięcia lub przygotowanych do dostarczenia innym.

For possession:
it is an offence to possess them, prepare for injection or to supply them to others.

***

***

Prawa policji

Police Powers

Policja może zatrzymać i przeszukać każdego, kto jest podejrzany o posiadanie narkotyków.

The Police have the power to stop and search anyone suspected of possessing drugs.

Przeszukanie bez nakazu sądowego odnosi się również do samochodów.

These powers of search without warrant also apply to vehicles.

Jeśli policja ma nakaz sądowy podpisany przez sędziego, jest uprawniona do najścia pomieszczenia, jeśli to konieczne – nawet z użyciem siły.

Police in the possession of a search warrant signed by a Justice of the Peace are authorised to enter premises if necessary by force.

Przestępstwem jest utrudnianie pracy policji poszukującej dowodów na przestępstwo narkotykowe.

It is an offence to obstruct the Police in their efforts to search for evidence of a drug offence.

W walce z przemytem narkotyków każdy, u kogo zostanie znaleziona nawet bardzo mała ilość nielegalnych narkotyków, może być oskarżony przez policję o przestępstwo za ich posiadanie z zamiarem rozprowadzania.

In the drive to combat drug trafficking anyone found with even a very small amount of an illegal drug can be charged by the Police, with intent to supply.

To oskarżenie automatycznie kieruje przypadek do rozpatrzenia przez wyższe instancje, które mogą nałożyć najwyższe kary.

This charge automatically takes the case to a higher court, which can impose the highest penalties.

***   ***

Jeżeli bierzesz narkotyki, ryzykujesz:
- przedawkowanie,
- uzależnienie się,
- spowodowanie nieszczęśliwych wypadków,
- pogorszenie stanu zdrowia,
- śmierć.

If you take drugs you risk:
- an overdose,
- dependence or addiction,
- accidental injury,
- ill health,
- death.

Jeśli bierzesz narkotyki, pomyśl o:
- problemach, jakie stwarzasz innym,
- problemach, jakie stwarzasz sobie,
- problemach finansowych,
- problemach związanych z przekroczeniem prawa.

If you use drugs you need to think about:
- problems for others,
- personal problems,
- money problems,
- legal problems.

Jeśli ktoś przedawkuje i jest bardzo podniecony lub niespokojny, należy:
- uspokoić taką osobę,
- nie pozwolić, by dokonywała samookaleczeń,
- nie zostawiać jej bez opieki,
- jeśli nie jesteś w stanie jej uspokoić, zadzwoń pod numer 999 po pogotowie lub po lekarza.

If someone has taken an overdose and he become very excited or anxious:
- calm him down,
- prevent him for doing themselves any injury,
- don't leave him alone,
- if he don't calm down, phone 999 for an ambulance or a doctor.

Jeśli osoba straciła przytomność:
- połóż ją na boku,
- natychmiast zadzwoń po lekarza lub karetkę pogotowia – tel. 999,
- jeśli tylko możesz, już przez telefon powiedz, jakie narkotyki zażyła ta osoba,
- zapytaj kogoś z obsługi karetki, jakiego rodzaju pierwszej pomocy możesz udzielić,
- nie dawaj jej nic do picia ani jedzenia.

If he become unconscious:
- put him in the recovery position,
- call a doctor or ambulance immediately – phone 999,
- if you can, give details of the drug taken when you phone,
- ask the ambulance operator if there is any first aid you can give,
- do not give the patient anything to eat or drink.

Objawy wskazujące na zażycie narkotyków:
– niepokój,
– wzmożona gestykulacja,
– wygląd jak po spożyciu alkoholu,
– nadmiernie zwężone lub rozszerzone źrenice,
– senność,
– gadatliwość i nieracjonalne zachowanie.

Signs of drug abuse may include:

– restlessness,
– exaggerated gestures,
– the appearance of being "drunk",
– pinpoint or enlarged pupils of the eye,

– drowsiness,
– talkativeness or irrational behaviour.

***

***

Zażywając narkotyki, możesz zarazić się wirusem HIV i AIDS.

You can also get HIV and AIDS from drug use.

Są cztery sposoby zarażenia się wirusem:
– poprzez wspólne używanie igieł lub innego zainfekowanego sprzętu;
– poprzez seks bez zabezpieczeń;
– poprzez transfuzję zakażonej krwi;
– płód może się zarazić od matki.

There are four ways of getting infected:
– from sharing needles or other infected equipment;
– from unsafe sex;
– from infected blood transfusions;
– from mother to baby.

Jeżeli dowiedziałeś się, że jesteś zarażony wirusem HIV, nie pozwól aby twój świat się zawalił.

If you discover by any chance that you are HIV positive, don't let your world fall apart.

Przeczytaj zamieszczony poniżej list z gazety lokalnej:

Read the letter below from a local newspaper:

„Droga Patrycjo!

"Dear Patricia!

Właśnie dowiedziałam się najstraszniejszej rzeczy w moim życiu – że jestem nosicielką HIV – a teraz nie wiem, co mam zrobić.

I've just had the most devastating news of my life – that I'm HIV positive – now I don't know what to do.

Mam 21 lat, jestem samotną matką z dwójką dzieci w wieku 3 i 4 lat. Ostatnio poszłam do lekarza, żeby gruntownie się przebadać. Nie podejrzewałam ani przez chwilę, że wynik testów wykaże obecność HIV.

I'm 21 and a single mum with children aged three and four. I recently went to the doctor for a general health check. I didn't suspect for one moment that the results of tests would throw up HIV.

Dwa lata temu pozwoliłam sobie na skok w bok. To jedyny sposób, w jaki mogłam się zarazić. Nie widzę żadnego światła w tunelu i czuję wielki strach.

I had a one-night stand two years ago. That's the only way I could have caught this. I can't see any light at the end of the tunnel and feel as though I'm going crazy with worry.

Jedyna rzecz, którą mogę zrobić, to ostrzec ludzi.
Proszę powiedzieć czytelnikom, jak jedna noc może zmienić ich życie na zawsze, i że powinni zawsze używać prezerwatyw, nawet jeśli biorą tabletki antykoncepcyjne.

The only thing I can do is to warn people.

Please tell your readers how one night can change your life forever, and that they should always use a condom, even if they are on the Pill.

Dla mnie jest już za późno, ale być może będę mogła ostrzec innych przed zakażeniem".

It's too late for me but maybe I can make a difference".

Odpowiedź:

The reply:

„To była dla Ciebie szokująca diagnoza, zdumiewające jest to, że w takim czasie potrafisz myśleć o innych.

"This has been such a shock diagnosis for you, it's amazing you can think of others at such a time.

Mam nadzieję, że wszyscy potraktują serio twoje ostrzeżenie. Oczywiście, to zmienia Twoje życie, lecz nie oznacza w żaden sposób jego końca.

I hope everyone takes heed of your warning. Of course this will change your life, but it's not the end of it by any means.

Wykrycie wirusa HIV nie oznacza już wyroku śmierci (...)".

HIV is no longer death sentence (...)".

***　　　　　　　　　　***

Oto inny list w którym zrozpaczona matka nie wie, co począć ze swoim synem.

Here is another letter, in which a distraught mother doesen't know what to do about her son.

„Droga Patrycjo!

"Dear Patricia!

Mój syn w zeszłym tygodniu zażył ecstasy, a ja spędziłam noc pilnując go i opiekując się nim, po tym jak próbował wyskoczyć z okna.

My son experimented with ecstasy last weekend and I spent the night watching over him after he tried to jump out of a window.

Serce pęka mi z bólu, kiedy widzę jak on dokonuje samozniszczenia. Ma 16 lat i od dwóch lat pali cannabis.

It breaks my heart to see him destroying himself. He is 16 and has been smoking cannabis for two years.

Nigdy nie wiem, w jakim będzie nastroju. Obraża mnie, przeklina, a ja muszę obchodzić się z nim jak z jajkiem.

I never know what mood he will be in. He is verbally aggressive and my life is spent walking on eggshells.

Próbowałam krzyczeć na niego, przekonywać go, kłaść w jego pokoju informacje o skutkach brania narkotyków. On drze je na strzępy.
Wszystko, co mogę zrobić, to tylko mieć nadzieję, że przyjdzie do mnie, aby poprosić o pomoc, zanim ktoś zapuka do drzwi i powie, że on umarł z przedawkowania.

I've tried shouting at him, reasoning with him and putting information about the effects of drugs in his room. He tears it up.
All I can do is hope he comes to me for help before I get a knock on the door to say he's died from on overdose.

Od czterech lat jestem wdową i czuję się bezradna".

I've been widowed for four years and feel helpless".

Odpowiedź:

The reply:

„Jestem przekonana, że za nadużywaniem narkotyków przez Twojego syna stoi depresja.

"I'm sure depression lies behind your sons drug abuse.

198

Utrata ojca w okresie dojrzewania musiała być dla niego traumatycznym przeżyciem, a teraz on bierze narkotyki, by zagłuszyć swoją wściekłość (...).

Losing his father just as he reached puberty must have been damaging and now he is acting out his anger (...).

Zasięgnij porady w linii, która pomaga osieroconym rodzinom".

Get advice from the hepline which helps bereaved children and their families".

Jest wiele sposobów aby ci pomóc, kiedy:
a) uzależniłeś się od narkotyku,
b) zaraziłeś się wirusem HIV, używając narkotyków.

There are plenty of ways to help you if you:
a) became addicted to drugs,
b) became infected with HIV using drugs.

Istnieją numery telefonów, pod które możesz zadzwonić, prosząc o pomoc.

There are phone numbers where you can ask for help.

Wyjście z nałogu

Narkotyki i pomoc prawna dla używających, ich rodzin oraz przyjaciół:
0 845 450 0215
Bezpośredni numer do Krajowej Służby Zdrowia

Release

Drugs and legal advice for users, families and friends:
0 845 450 0215
NHS Direct

Poufne porady oraz informacje.

For Confidential health advice and information.

Telefon czynny 24 godziny na dobę, cały tydzień.
Prosimy dzwonić pod numer 0 845 46 47.
www.nhsdirect.nhs.uk

24 hours a day, seven days a week.
Please call 0 845 46 47.
www.nhsdirect.nhs.uk

Inne linie pomocy znajdziesz na stronie:
www.helplines.org.uk

For details of more helplines log on to:
www.helplines.org.uk

***

***

Pomoc dla ludzi z wirusem HIV jest w Londynie wszechstronna.

Help in London for HIV people is very comprehensive.

199

Grupy wsparcia spotykają się raz lub dwa razy w miesiącu w ośrodkach zdrowia lub w klubach prowadzonych przez Państwową Służbę Zdrowia.

Support groups meet once or twice a month in health centres or clubs run by Community Care services.

Nosiciele wirusa HIV, mężczyźni i kobiety, mogą znaleźć pomoc, wsparcie oraz poradę.

HIV – positive men and women can find help, support advice there.

Mogą przyprowadzić ze sobą swoje rodziny.

They can bring their families with them.

Dla dzieci dostępny jest żłobek.

A creche is available for children.

Przychodzący tutaj mogą się wykąpać, posłuchać pogadanek oraz rozerwać się.

They get fed, bathed, lectured and entertained.

Tutaj nie czują się upokorzeni ani wyśmiewani.

They don't feel neglected or ridiculed there.

Nie czują się też odrzuceni ani lekceważeni.

They don't feel rejected or ignored.

Mają swoje prawa, ale wciąż potrzebują mnóstwo wsparcia i opieki.

They have rights, but still need plenty of support and care.

Postępuj odpowiedzialnie!

Behave responsibly!

ZAKOŃCZENIE

CONCLUSION

Jeśli przez przypadek moją książkę przekartkują moi koledzy i przyjaciele z Chorzowa, gdzie się urodziłam i pobierałam pierwsze lekcje angielskiego w szkole średniej – chciałabym ich serdecznie pozdrowić!

Jeśli moją książkę przeczytają moi znajomi, koledzy i przyjaciele z lat studenckich na Uniwersytecie Jagiellońskim w Krakowie – pozdrawiam ich równie serdecznie!

Jeśli moja książka zostanie przestudiowana przez ludzi, których znałam, kiedy mieszkałam w Kairze w Egipcie lub przez moich kolegów i przyjaciół z Katowic, Krakowa, Warszawy, Leżajska, Bukowna, Siemianowic – zasyłam im wyrazy mojego wielkiego przywiązania.

Wszyscy moi przyjaciele od lat szkolnych, poprzez lata uniwersyteckie, do chwili obecnej – **gdzie teraz jesteście?**

Brakuje mi Was!

If by any chance my book is leafed through by my colleagues and friends from Chorzów where I was born and had my first English lessons in secondary school, I'd like to say hallo to them!

If my book is read by my acquaintances, colleagues and friends from my student days in Cracow Jagiellonian University – I greet them as well!

If my book is perused by the people I knew when I was living in Cairo in Egypt, or any old colleagues and friends from Katowice, Krakow, Warsow, Lezajsk, Bukowno, Siemianowice – I send them my fond regards.

To all my peers from schooldays through university years and till now – **where are you now?**

I miss You all!

Maria

Maria

Branch	Date
RH	5/08